铃木大拙禅学入门

[日]铃木大拙 / 著
林宏涛 / 译

海南出版社
·海口·

图书在版编目（CIP）数据

铃木大拙禅学入门 /(日) 铃木大拙著 ; 林宏涛译
. -- 海口 : 海南出版社 , 2012. 3 (2025. 5 重印).

书名原文 : An Introduction to Zen Buddhism

ISBN 978-7-5443-4131-8

Ⅰ. ①铃… Ⅱ. ①铃… ②林… Ⅲ. ①禅宗 – 基本知识 Ⅳ. ① B946.5

中国版本图书馆 CIP 数据核字 (2011) 第 256998 号

铃木大拙禅学入门

LINGMUDAZHUO CHANXUE RUMEN

作　　者：［日］铃木大拙
译　　者：林宏涛
责任编辑：张　雪
责任印制：郄亚喃
印刷装订：三河市祥达印刷包装有限公司
读者服务：张西贝佳
出版发行：海南出版社
总社地址：海口市金盘开发区建设三横路 2 号
邮　　编：570216
北京地址：北京市朝阳区黄厂路 3 号院 7 号楼 101 室
电　　话：0898-66812392　010-87336670
电子邮箱：hnbook@263.net
经　　销：全国新华书店
版　　次：2012 年 3 月第 1 版
印　　次：2025 年 5 月第 7 次印刷
开　　本：787mm × 1092mm　1/16
印　　张：12
字　　数：125 千
书　　号：ISBN 978-7-5443-4131-8
定　　价：48.00 元

作者自序

禅学的入门书

本书收录的论文原是为《新东方》杂志写就的，那是第一次世界大战期间在日本发行的刊物，由罗伯逊·史考特（Robertson Scott）先生主编。编辑曾建议集结成书，但当时我无此想法。其后，它们则成为《铃木大拙禅论集》（1922）第一辑的材料，自然在内容上有所重叠。

但是最近我又想到把旧稿整理成书。理由是我的《禅论集》对于禅的入门者而言太过沉重。对于我的外国朋友来说，入门作品或许更受欢迎吧！于是，我把手稿全部整理一遍，订正若干用语和出处。尽管还有几个地方似乎可以修润一下，但是我没有更动，因为那势必要全部改写。只要它们不会引起误解，我也就保留原貌了。

如果说，本书是一部禅学的入门书，而且可以作为研究我其他著作的初阶作品，那么它就算是成功的。本书并不想从学术角度去探讨任何主题。此外，我推荐读者将本书的姊妹作《禅佛教手册》(*Manual of Zen Buddhism*，1935）和《铃木大拙禅学入门》一起阅读。

铃木大拙

1934 年 8 月于镰仓

目录

第三章 禅是虚无主义吗

第四章 不合逻辑的禅

第五章 禅是更高的肯定

第六章 平凡的禅

第一章

绪论

禅

佛教在其发展历程里成就了一种独特的形式，而有别于所谓原始佛教的类型，其成就之波澜壮阔，使得我们有理由去强调它的两个教派的历史区分，亦即大乘佛教和小乘佛教。其实，大乘佛教及其诸宗，无非是佛教的一个发展形式，也都要溯源到它的印度创教者——伟大的佛陀释迦牟尼。大乘佛教的这个发展形式传入中国乃至于日本，而再度开枝散叶。这些成就无疑要归功于中国和日本的佛教诸圣哲，他们知道如何以教法去随顺变易不居的生命情境以及人们的宗教渴望。而他们的苦心孤诣和随顺则又扩大了大乘佛教[①]和原始佛教之间既存的差异。

---

① 正确地说，大乘的基本观念是由般若经系阐释的，最早的经论出现在佛灭度后三百年间。其种子无疑就蕴藏在所谓原始佛教的经典里。然则，如果佛陀弟子们无法在迁流不息的生命情境里实证他的教法，它们就无法开展，也就是认识到它们是创教者的根本教法。印度的佛教徒有了更丰富的体会和更成熟的反省，就成立了有别于原始佛教的大乘形式。在印度有两个著名的大乘教派：龙树的中观派，以及无著、世亲的唯识宗或瑜伽行派。在中国则发展出更多宗派：天台宗、华严宗、净土宗、禅宗等。此外，在日本有真言宗、净土真宗、临济宗。凡此诸宗皆属于大乘佛教。

到了现在，原始佛教那些最显著的性相，在大乘佛教可以说已不复得见，至少表面上如此。

佛教最重要的面向之一

于是有人会说，这个佛教支系其实不是常人所理解的佛教。但是我认为，任何有生命的东西都是有机体，而有机体的本质就在于它绝不停滞在同一个存在状态里。一颗橡实，甚至是甫破壳而出的小橡树的新绿嫩叶，都迥异于魁梧壮硕而高耸入云的大橡树。但是在变化的诸相里，却有着一个成长的连续性以及明显的同一性痕迹，我们由此得知那是同一株经历了成长各阶段的橡树。所谓的原始佛教是种子，由它诞生了将会继续成长的东方佛教。学者或许喜欢谈论历史上的佛教，但我不想只是从历史发展的方面去探究佛教，而且要就其作为东方精神的源头活水而与我们息息相关的观点去看待它。

在已经成长茁壮的佛教诸宗派里，尤其是在中国和日本，我们看到一个卓尔不群的宗派，主张直接得到佛陀密付正法眼藏护持，既不是经由秘典，也没有任何神秘仪式。该宗派是佛教最重要的面向之一，不只是就其历史的重要性以及精神生命力而言，更是在于它最具原创性和启发性的演示方式。学者称它为“佛心宗”，但是人们更习惯称它为“禅”。禅不同于“禅那”，尽管“禅”这个字是梵语的中译，对此，我会在后面加以解释。

就许多方面而言，该宗派在宗教史里都非常独特。就理论而言，其学说可以说是属于思辨的神秘主义，但是由于其阐说和演示的方式，只有长期修行且窥得该体系堂奥的禅门弟子才能领略其究竟意旨。不得其法门的人，也就是没有在行住坐卧里去体会“禅”的人，它的禅法甚或它的话语，总会让人觉得怪异、粗鲁，甚或深奥难解。他们以概念去理解“禅”，认为“禅”根本是荒谬、可笑的，或是故弄玄虚，装得莫测高深，让外在批评不得其门而入。但是对于习禅者而言，它看似吊诡的说法并不是要故布疑阵，而只是因为人类的语言不是表现禅的深刻真理的合宜工具，那些真理不会是逻辑解说的主题；它们必须在心灵深处去体会，才有可能被理解。其实，在人类的其他经验里，没有任何语言像“禅”如此平易而直截了当。“炭是黑的。”这句话够简单了。但是“禅”会反驳说：“炭不是黑的。”这句话也够简单了。如果我们穷究其真理，它甚至比前者的肯定句还要简单。

坚持内在的精神经验

因此，在“禅”里，个人体验比什么都重要。没有体验基础的人，不可能领略任何观念。那已经是老生常谈了。婴儿没有观念，因为他的心智尚未发展到能够以观念的方式去经验任何事物。即使他有什么观念，也应该是非常模糊不清的，无法和实在世界相对应。因此，如果要最清晰且有效率地理解事物，一定要经由个人体验。尤其是关于生命本身的东西，个人体验是绝对必要的。如果没有体验，就无法如实理解生命的全体大用。所有概念的基础都是简单朴实的经验。“禅”非常强调这个基础经验，也围绕着经验搭起在禅宗“语录”里随处可见的语言和概念的支架。

尽管这个支架是探究深处实在界最有用的工具，它毕竟是假言施设。如果我们以为它就是究竟实相，就丧失了它的整个意义。人类知性的本质使我们不太敢相信上层结构的东西。神秘化绝对不是“禅”本身的目的，但是对于不曾窥见生命实相的人而言，“禅”难免显得深微幽冥。只要穿过概念的上层结构，人们想象中的深微幽冥便会瞬即烟消云散，同时也会有所谓的“开悟”。

因此，禅始终非常坚持内在的精神经验，它并不重视经典以及论师的经释。它以个人的体验去和权威以及客观的开示分庭抗礼，而习禅者也主张以“禅那”作为开悟的实证法门，在日本被称为“坐禅”[①]。

在此，我必须约略提一下习禅者为求证道（即前述的基础体验）的禅法训练，因为那是“禅”和其他形式的神秘主义的主要差异所在。对于大多数的神秘主义者而言，如此的灵性经验是非常个人的东西，它是偶发性的、孤立而无法预期的。基督教徒以祈祷、苦行或所谓的默观作为领受它的工具，认为那种经验的实现是神的恩赐。但是正如佛教并不认为这种事需要超自然的代理人，禅的修行方法也很实际而且有系统。在中国禅宗史里，一开始就看得到这个倾向；其后终于出现了正规的体系，到了现在，禅宗已经有一套让习禅者实修证道的完整方法。禅的实践价值就在这里。尽管禅是高度思辨性的，但是有系统的训练对于道德人格的陶冶也颇有帮助。当禅在行住坐卧当中被表现时，我们有时候会忘记它的高度的抽象性格；但那正是

① 关于“坐禅”（zazen）的正确意义，请见“禅堂”一章。

我们必须去领略禅的真正价值所在，因为即使是竖一指，或在路上和朋友打招呼，禅也可以发现难以言喻的深刻思想。在禅的眼里，最实际的东西也是最深奥的，反之亦然。禅的所有训练体系都是这个根本经验的产物。

禅是自成一格的神秘主义

我曾说“禅”是一种神秘主义。我不得不这么说，因为“禅”被视为东方文化的基调。这也是西方人经常无法准确测度东方精神的深度的原因，因为神秘主义在本质上是难以用逻辑去分析的，而逻辑又是西方思想最独特的性质。东方的论理方法是综合性的，它不太重视具体细节的阐释，而着眼于对全体的直观性把握。因此，如果说有所谓的东方精神，那么它必然是含混而不明确的，门外汉难窥全豹。它就摆在眼前，我们无法视而不见，但是当我们努力要抓住它，仔细且有系统地检视它，它就逃得无影无踪。禅就是如此恼人地瞻之在前忽焉在后。当然，这并不是东方精神的结构为了躲避别人的审视而刻意设计或预谋的诡计。深不可测正是所谓东方精神的结构。因此，要理解东方，我们必须先理解神秘主义，也就是“禅”。

但是我们要记得，神秘主义有各种类型，理性的和非理性的，思辨的和神秘的，能感知的和幻想的。当我说东方是神秘主义的时候，并不是说它是幻想的、非理性的、完全不可能纳入知性理解的领域。我的意思只是，在东方精神的作用里，有着某种安详、静寂、沉默、縠（hú，有纹路的纱）纹不兴的东西，它似乎总是在谛观着永恒。但这种寂静和沉默绝不是指单纯的无所事事或槁木死灰。所谓沉默不是草木不生的沙漠，也不是长眠腐朽的尸体。它是一种“永恒的深渊”的沉默，其中掩埋了一切对立和相依相待；它是神的沉默，沉浸于默观其过去、现在和未来的成就，静静坐在绝对的“一即一切”的王座上。它是两极电流的闪电和巨响的“雷鸣的沉默”。这类沉默充斥于一切东方事物之中。把它视为槁木死灰的人要倒大霉了，因为他们很快会被出自“永恒的沉默”的磅礴行动给吓呆。我所谓的东方文化的神秘主义，就是指这个意思。而我也可以说，这种神秘主义的陶冶，主要是受到禅的影响。如果说，佛教要在东方开展，以满足人们的灵性渴求，那么它就必然要发展出禅学来。印度人很喜欢神秘主义，然而他们的神秘主义太重视思辨，太耽于冥想，也太复杂了，而且似乎和我们居住的具体的现实世界没有什么真实或重要的关系。相反，东方的神秘主义是直截了当、实际而又非常简单明白的，而禅正是它唯一的归趣。

中国和日本的其他佛教宗派，处处清楚地显示它们的印度传承。因为它们复杂的形而上学、冗长啰唆的术语、高度抽象的论理、对于万物本质的洞察，以及对于生命的完备诠释，显然都是印度产物，完全不是中国或日本式的。任何熟悉东方佛教的人，一眼就看得出来。例如真言宗极为复杂的仪轨，以及用以解释宇宙的“曼荼罗”的繁复体系。如果没有先受到印度思想的影响，中国人和日本人不可能构想出如此复杂难解的哲学网。我们再看中观派、天台宗和华严宗的哲学的思辨性程度有多么高，它们的抽象性和逻辑剖析能力真是令人叹为观止。这些事实说明了，东方佛教的那些宗派基本上都是舶来货。

然而，在观察了整个佛教的领域以后，我们回到禅宗来，就不能不承认它的简单、直接、实用主义的倾向，以及与日常生活的密切关系，这显然有别于其他佛教诸宗派。禅的主要观念无疑源自佛教，而且我们也不能不把它视为佛教的正统开展，但这个开展却是为了满足东方人独特的心理性格。佛教精神为了实际的生活修行，舍弃了高度形而上学的上层结构，而其结果就是禅。因此，我可以大胆地说，我们可以看到东方民族（尤其是日本）的哲学、宗教和生命本身，都在禅学里被体系化和具体化了。

第二章

禅是什么

禅

在着手详细阐释禅学以前，让我先回答批评者经常提出的几个关于禅的本质的问题。

禅像大部分的佛教教法一样，是一种高度知性和形而上学的哲学体系吗？

我曾说我们在禅里头看到所有东方哲学的具体化，然而那并不意味着禅是一般意义下的哲学。禅绝对不是一个以逻辑和分析为基础的体系，它甚至是逻辑的对立面。我所谓的逻辑是指二元论的思考模式。禅里头或许有个知性元素，因为禅是整体的心灵，在里头可以看到森罗万象。但是心灵并不是一个可以分割为许多功能而解剖以后一无所剩的组合物。禅并不以知性分析对我们开示任何东西，它也没有任何规定要弟子们接受的教义。就此而论，你也可以说禅并无定法。习禅者或许有些禅法，但那是基于自身的考虑，为了他们自己的方便。他们不认为那是禅的缘故。因此，在禅里头并没有什么圣典或经教，也没有任何可以直指禅的根本意义的咒语。如果有人问我禅有什么教法，我会说禅并无任何教法。即使禅有什么教法，也是出自自家心里。我们以自己为师，禅只是指路而已。除非指路本身就是教法，否则禅并不刻意规定用什么东西作为其教旨或基本哲学。

禅宣称是佛教，但是经论里提出的一切教法都被禅视为只是浪费纸张，其作用也只在于拂去知识的尘埃，如此而已。但是我们不应就此以为禅是虚无主义。所有虚无主义都是自我破坏的，不知乡关何处。否定主义作为一种方法并无不妥，但是最高的真理是一种肯定。当我们说禅没有哲学，说它呵佛骂祖，否认所有教法权威，将一切经论弃若敝履时，我们不要忘记，禅就在否定的同时举示了某种相当正面且永恒肯定的东西。我们在后面会阐明这一点。

禅是一种宗教吗？它不是一般意义上的宗教。因为禅并不敬拜神，也没有什么仪轨，亡者也没有什么归宿。更重要的是，禅不需要他者去照顾灵魂的幸福，也不很在乎灵魂不灭的问题。禅没有任何信理或“宗教”的累赘。

当我说禅里头没有神时，虔信的读者或许会很吃惊，但这并不意味着禅否定神的存在。肯定或否定都不是禅所关心的。当一个东西被否定时，否定本身就蕴含着某个没有被否定的东西。肯定亦复如是。这在逻辑里是难免的事。禅想要超越逻辑，禅想要寻求一个没有反命题的更高的肯定。因此在禅里头既不否认也不坚持神的存在；只是在禅里面没有犹太教或基督宗教所理解的那种神。禅不是一种哲学，同理，禅也不是一种宗教。

禅相信人的清净自性和善

至于在禅寺里可以看到的佛、菩萨和天人诸众的雕像，它们只是木头、石头或金属而已，和我家花园里的山茶花、杜鹃花或石灯没什么两样。禅会说，那么干脆就膜拜盛开的山茶花好了。相较于顶礼诸佛菩萨、洒圣水或领圣餐，膜拜山茶花一样也很有宗教意义。大部分有所谓宗教信仰的人认为有福报或神圣的敬拜行为，在禅的眼里都只是人为造作而已。它甚至大胆地说："持戒苾刍不升天堂，破戒比丘不入地狱。"[①] 对于凡夫而言，此番话无异于否认了道德生活的习惯法则，但是其中却蕴藏着禅的真理和生命。禅是一个人的精神。禅相信人的清净自性和善。任何增减损益都会断丧精神的完整性。因此，禅特别反对一切宗教习俗。

然而它的反宗教只是个表象而已。真正有宗教信仰的人会赫然发现，在禅的粗野宣言里竟然也有如此深刻的宗教蕴义。但是说禅是如基督教或伊斯兰教一般的宗教，那也是一个误解。我举一个故事解释一下。传说释迦牟尼佛初生下时，一手指天，一手指地，说："天上天下，唯我独尊。"创立云门宗的云门文偃禅师却说："我当时若见，一棒打杀与狗子吃。"[②] 一般人看到如此狂妄的评语，会对禅师作何感想呢？但是其后的禅师[③] 却赞叹云门是"将此身心奉尘刹，是即名为报佛恩"。

---

① 永明延寿禅师语。见《受菩萨戒法并序》。

② 《云门录》卷中。

③ 指琅琊慧觉禅师。见《古尊宿语录》卷第四十六。

禅要一个人的心自在无碍

禅不能和“新思想运动”[①]、基督教科学会[②]、印度的遁世者[③]或某些佛教徒的默观形式混为一谈。禅认为“禅那”并不等于禅修。一个人或许会在禅的训练里沉思一个哲学或宗教的主题，但那只是附带的事。禅是要觉照心灵的真正本性，据以训练心灵本身，做自心的主人。直指自心或即灵魂的实相，是禅宗的基本目标。因此，禅不只是一般所谓的默观或禅那。禅的训练在于开启心眼，以澈照存在的理由。

在默观时，必须系念一处，例如神的统一性，或是其无限的爱，或是诸行无常。然而那却正是禅亟欲摆脱的。如果禅有强调什么东西的话，那会是得到自由，亦即抛去一切不自然的葛藤。默观是施设造作的东西，它并不是自心的本有活动。空中鸟默观什么？水中鱼默观什么？它们只是飞翔，只是优游。这还不够吗？谁要执念于神与人的统一性，或是此生的虚无？谁要在每天的生活里烦恼那些关于神的善或地狱的无穷烈火的默观？

我们可以说基督宗教是一神论，吠陀宗教是泛神论，但是

---

① 新思想运动（New Thought）：19 世纪美国的新兴宗教思潮，强调正向思想、吸引力法则、生命力；相信神遍在世界，人类真实的自我具有神性；疾病皆由心产生，正向思考有疗愈作用。

② 基督教科学会（The Church of Christ-Scientist，Christian Science）：艾迪夫人（Mary Baker Eddy，1821—1910）于 1879 年创立的教派，主张疾病只是个假象，能够以信仰、祷告或默观去治疗而不假药石。

③ 印度教徒修行的第四期，称为遁世期，修行者舍弃财富，游行四方，乞食为生，严守五戒（不杀生、不妄语、不偷盗、忍耐、离欲）。

我们无法以类似的主张去谈论禅。禅既不是一神论也不是泛神论，禅并不适用这些名称。在禅里面并没有什么执持的对象。禅是虚空中飘荡的云。没有螺丝锁住它，也没有绳索系住它，它任运自在。任何默观都无法将禅系于一处。默观不是禅。无论是泛神论或是一神论，都不是禅所专注的主题。如果禅是一神论，它会要弟子们默观那以遍照世界的圣光泯除一切差别分殊的万物一体性。如果禅是泛神论，它会告诉我们，即使是田野里最平凡的花朵，也映现着神的荣光。但是禅会说："万法归一，一归何处？"[①] 禅要一个人的心自在无碍，即使是一或全体的概念，也都是绊脚石和葛藤，只会戕害精神本来的自由。

因此，禅不会要我们去沉思狗子是不是神，或者三斤麻有无神性。如果禅这么做，那么它就落入某个哲学体系，也就再也不是禅了。禅只是去感觉火的温暖、冰的冷冽。因为天寒时我们会冷得发抖而就火。正如《浮士德》所说的，"感觉便是一切"。[②] 但是此处所指的"感觉"必须就其最深层且纯粹的形式去理解它。即使只是说"就是这个感觉"，也意味着禅已经不在了。禅是无法概念化的。此即为什么禅难以捉摸。

如果说禅主张任何默观，那也会是如实观照雪的白、乌鸦的黑。当我们谈到默观，大部分是指它的抽象性格，亦即，默观是指念头专注于相当普遍化的命题，而和具体的生活事务无甚关系。禅是知觉或感觉，而不是抽象或沉思。禅会浸润而消

---

① 见《传灯录》卷十。"僧问：万法归一，一归何处。师（赵州）云：老僧在青州作得一领布衫重七斤。"

② 《浮士德》第一部："感觉便是一切，名称只是燃烧着天火的烟雾和声音。"

融于其中。然而，默观却是极端二元论的，其结果也就难免很肤浅。

有人批评说禅是“圣依纳爵的‘神操’的佛教翻版”。[①] 它显示评论者极力要以基督宗教和佛教作模拟，此即一例。然而对禅稍有涉猎者一眼就可以看出该比较如何拟于不伦。就算从表面上看，禅修和耶稣会创设者所提倡的神操也没有半点类似的地方。圣依纳爵的默想和祷告，在禅的眼里，只是为了信徒方便假设的虚构物，其实犹如在一个人的头上叠砖头，于属灵生活无甚裨益。不过我们倒是可以说，“神操”有点像小乘佛教的止观法门，例如“五停心观”[②]“九想观”[③]“六念处”[④] 或“十念处”[⑤]。

禅有时候被认为是“杀心逐妄”。《日本的宗教》（*Religions of Japan*）的著名作者格里菲斯[⑥] 如是说。我不知道他所谓的“杀心”究竟指的是什么，他是说禅以心一境性或入眠去“杀死”诸心行吗？赖肖尔[⑦] 在其作品[⑧] 里几乎赞同格里菲斯的观点，说禅是“神秘主义的自我陶醉”。他是说禅陶醉在“大我”里，正

---

① Arthur Lloyd：*Wheat Among the Tarts*，p.53。

② 五停心观，即不净观、慈悲观、缘起观、界分别观、数息观。

③ 九想观，为不净观之一，分别是新死想、青瘀想、脓血想、虫啖想、绛汁想、筋缠想、骨散想、烧想、骨想。

④ 六念处，即念佛、念法、念僧、念戒、念施、念天。

⑤ 十念处，即身念处、受念处、心念处、法念处、境界念处、阿兰若念处、都邑聚落念处、名闻利养念处、如来学问念处、断诸烦恼念处。

⑥ 格里菲斯（William Elliot Griffis，1843—1928），美国东方学者，基督教公理会牧师，1870 年受邀到日本兴学，对日本的现代化贡献颇多。

⑦ 赖肖尔（August Karl Reischauer，1879—1971），美国长老会牧师，在日本传教多年。

⑧ *Studies of Buddhism in Japan*，p.118。

如斯宾诺莎沉醉在神里头吗？虽然赖肖尔没有说明“陶醉”所指为何，他或许是认为禅耽溺于“大我”的思想里，以为那是在此殊相世界里的究竟实相。看到对于禅无批判能力的评论者如此浅薄鄙陋，我着实惊讶。其实，禅并无“心”可杀，因此在禅里头也就没有什么“杀心”可言。禅也没有我们可以归依的“自我”，因此禅也没有我们可以陶醉的“自我”。

禅的外在面向捉摸不定

其实，禅的外在面向是极为捉摸不定的。当你认为窥见它时，它早已鸟飞无迹；它瞻之在前，忽焉在后。因此，除非以数年时间穷究其基本原理，否则总是不得其门而入。

“升上到神那里的方法，就降下到自己里头。”雨果[①]如是说。“如果你要挖掘神的深层东西，那就挖掘你自己的灵的深处。”圣维克多的理查德[②]如是说。但是当你挖掘出一切深层的东西时，毕竟没有什么“自我”。当你降下时，也找不到任何可以测量其深度的“灵”或“神”。因为禅是无底深渊。禅会以另一种方式说：“三界无法，何处求心。四大本空，佛依何住。璇玑不动，寂尔无言。觌（dí，见）面相呈，更无余事。珍重。”[③]须臾犹豫，禅便一去不返。三世诸佛都要你再一次拟举，却已经是

① 雨果（Hugo of St. Victor，1096—1141），法国修士，曾任巴黎圣维克多修院院长。

② 圣维克多的理查德（Richard of St. Victor，1173），苏格兰人，为12世纪巴黎最重要的神秘主义者，曾任圣维克多修院院长。

③ 盘山宝积禅师语。见《五灯会元》卷第二。

"三千里外"。"杀心"或"自我陶醉"，诚然，禅没时间去和这些评论瞎搅和。

评论者或许会说，禅把心智催眠成无意识状态，好去体悟佛教所谓的"空"，主体在其中无法意识到客观世界或自我，落入广袤的空里头。这个诠释同样误解了禅。的确，禅的某些语词或许暗示着这样解释，但是如果要了解，我们必须做个跳跃。我们必须横越那个"广袤的空"。如果主体不想被活埋的话，它必须从一个意识状态里醒来。唯有抛弃"自我陶醉"，而且"醉汉"也要真正醒觉到他的深层自我，才可能体悟到禅。如果有所谓"杀"心，那就交给禅吧，因为禅会让被杀者和无生命者重获永生。禅会说："重生吧，从梦里醒来吧，从死里复活吧，你这醉汉。"因此，不要蒙着眼去看禅，你的手抖得太厉害了，也无法抓得住禅，而且不要忘记，我不是喜欢耍嘴皮的人。

这类批评不胜枚举，我希望以上举隅足以让读者接受对于禅的正面描述。禅的基本理念是要探索我们存在的内在结构，而且是尽可能以直接的方式而不假外求。因此，禅呵斥一切类似外在权威的东西。绝对的信仰只在一个人的内心。如果禅里头有任何权威，那也是来自内心。这是在最严格意义下的真理。即使是论理能力，也不被认为是究竟或绝对的。相反，它会障碍心和自身最直接的沟通。知性的任务只是一个媒介，而禅则无关乎媒介，除非它想要和他人沟通。因此，一切经教都只是方便假设，其中并无任何究竟。禅要如实把握生命的核心事实，而且是以最直接且生动的方式。禅自称是佛教的精神所在，其实它也是 切哲学和宗教的精神。当人们完全体会到禅，他们就会得到心的绝对平安，也可以正其性命。除此之外，我们夫复何求？

或谓，既然禅的确是一种神秘主义，那么它在宗教史里就不是什么独一无二的东西。或许是吧，但是禅是自成一格的神秘主义。它所谓的神秘主义，无非日照花开，或是我现在听到有人在街上打鼓的声音。如果这些都是神秘主义的东西，那么禅有一箩筐。有人问禅师什么是禅，他回答说："平常心。"[①]这不是很平凡直接吗？它和什么教派精神一点关系也没有。基督徒和佛教徒都可以习禅，正如大鱼小鱼都可以在海里优游。禅是海洋，禅是空气，禅是山，禅是雷鸣闪电，是春天的花，是夏天的暑热，是冬天的雪，不，不止如此，禅更是人。尽管禅宗史里积累了许多形式、习惯和附会，但是它的核心事实却始终生机盎然。此即禅的殊胜之处：我们可以不偏不倚地观照究竟实相。

如前所述，禅在日本佛教里的独特之处，在于它有系统的修心法门。一般的神秘主义总是过于奇诡谲怪而脱离常轨，禅则对此有着重大的革命。禅把那高亢入云的东西拉回到地上来。随着禅的开展，神秘主义也就不再神秘莫测；它不再是精神异常者的突发性症状。因为禅就开显于市井小民最平凡无奇的生活当中，在行住坐卧当中体会生命的实相。禅以有系统的修心

① 南泉普愿禅师语。见《五灯会元》卷第四。"他日问泉曰：如何是道。泉曰：平常心是道。师（指赵州）曰：还可趣向也无。泉曰：拟向即乖。师曰：不拟争知是道。泉曰：道不属知，不属不知。知是妄觉，不知是无记。若真达不疑之道，犹如太虚，廓然荡豁，岂可强是非邪。师于言下悟理。"

去观照它；禅打开人的心眼而得见那周行不息的伟大奥秘；它打开人的心量，在一弹指间领受时间的永恒和空间的无限；它让俗世生活犹如在伊甸园里漫步一般；而一切灵性的造就皆不假任何教义，而是直指那蕴藏在我们自性里的真理。

无论禅是什么，它总是实证的、平凡的，同时又是最有生命力的。古代有一位禅师，在说明禅是什么的时候竖起一指[①]，有一位禅师则踢球示之[②]，更有一位禅师掌掴问道者[③]。如果那深藏于我们自性的内在真理如是开示，那么禅岂不是一切宗教当中最实证且直接的灵修方法吗？这个实修方法不也是最原创的吗？的确，禅总是原创性的，因为它不和概念打交道，而只关心生活的实相。若从概念去理解，那么竖一指也只是日常生活里的一件琐事。但是在禅的眼里，它却回荡着神性的意义和创造性的生命力。只要禅能在我们陈腐而拘于概念的生活里指出这个真理，那么我们就必须承认它有其存在的理由。

---

① 指俱胝（zhī）和尚。见《五灯会元》卷第四。“天龙和尚到庵，师乃迎礼，具陈前事。龙竖一指示之。师当下大悟。自此凡有学者参问，师唯举一指，无别提唱。有一供过童子，每见人问事，亦竖指祇对。人谓师曰：和尚，童子亦会佛法。凡有问皆如和尚竖指。师一日潜袖刀子，问童曰：闻你会佛法，是否。童曰：是。师曰：如何是佛。童竖起指头。师以刀断其指。童叫唤走出。师召童子。童回首。师曰：如何是佛。童举手不见指头，豁然大悟。师将顺世。谓众曰：吾得天龙一指头禅，一生用不尽。”

② 指雪峰义存禅师。见《五灯会元》卷第七。“玄沙谓师曰：某甲如今大用去。和尚作么生。师将三个木球一时抛出。沙作斫牌势。师曰：你亲在灵山方得如此。沙曰：也是自家事。”

③ 指马祖道一禅师。见《五灯会元》卷第三。“洪州泐（lè）潭法会禅师，问马祖：如何是祖师西来意。祖曰：低声，近前来，向汝道。师便近前。祖打一掴曰：六耳不同谋，且去，来日来。师至来日，独入法堂曰：请和尚道。祖曰：且去，待老汉上堂出来问，与汝证明。师忽有省，遂曰：谢大众证明。乃绕法堂一匝，便去。”

我引一段圆悟禅师[①]的书简，或许多少可以回答章首关于“禅是什么”的问题。

> 觌面相呈，实时分付了也。若是利根，一言契证已早郎当。何况形纸墨，涉言诠，作路布。转更悬远。然此段大缘，人人具足。但向己求，勿从它觅。盖自己心无相，虚闲静密，镇长印定，六根四大，光吞群象。若心境双寂双忘，绝知见，离解会，直下透彻，即是佛心，此外更无一法。是故祖师西来，只言直指人心，教外别行，单传正印，不立文字语句，要人当下休歇去。若生心动念，认物认见，弄精魂，着窠窟，即没交涉也。
>
> 石霜道：“休去歇去，直教唇皮上醭生去，一条白练去，一念万年去，冷湫湫地去，古庙里香炉去，但信此语依而行之。”放教身心如土木，如石块。到不觉不知、不变动处。靠教绝气息，绝笼罗，一念不生。蓦地欢喜，如暗得灯，如贫得宝，四大五蕴轻安，似去重担，身心豁然明白。照了诸相，犹如空花，了不可得，此本来面目现，本地风光露。一道清虚，便是自己放身舍命，安闲无为，快乐之地。千经万论只说此。前圣后圣，作用方便妙门只指此。如将钥匙开宝藏锁，门既得开，触目遇缘，万别千差，无非是自己本分，合有底珍奇。信手拈来，皆可受用，谓之一得永得，尽未来际，于无得而得，得亦非得，乃真得也。

---

① 即佛果克勤禅师。见《佛果圆悟真觉禅师心要》卷下“示魏学士”。“路布”：路通“露”，公文书信、告示。

第三章

禅是虚无主义吗

禅

传统上被称为中国禅宗六祖的惠能，是禅宗历史上最重要的人物。其实他也是禅宗的创建者，而和当时其他佛教诸宗分庭抗礼。他以下面这首偈表现了他为禅宗树立的信仰标准：

菩提本无树，明镜亦非台。
本来无一物，何处惹尘埃？

他以此偈回答另一位自以为悟得清净法门的禅师（神秀）的偈：

身是菩提树，心如明镜台。
时时勤拂拭，慎勿惹尘埃。

两人都是五祖弘忍的弟子。弘忍认为惠能真正见性，于是将禅宗衣钵传给他。祖师印可了惠能的偈里的意旨，使它成为禅宗正统的信仰表现。而由于它似乎有一点虚无的味道，很多人便认为禅是在提倡虚无主义。我要在本章里反驳这一点。

禅的究竟旨趣是主张“空”

的确，禅宗文献里有许多段落可以被解释为宣扬虚无主义的学说，例如“空”的理论[①]。即使是熟悉一般大乘佛教教法的学者们，也有人鼓唇弄舌地说禅是“三论宗”（又叫作中观派）哲学的实修法门。所谓“三论”，是指龙树的《中论》《十二门论》和提婆的《百论》，它们构成了中观派的基本学说。龙树被认为是它的创立者，而由于大乘般若经系也阐释类似的思想，该派哲学有时也被称为般若学说。因此他们认为禅实际上是属于该系的，换句话说，禅的究竟旨趣就是主张“空”的体系。

在某种程度上，至少表面上，这个观点是对的。例如下面的对话：

> 大珠慧海禅师初参马祖……祖曰：“来此拟须何事。”曰：“来求佛法。”祖曰：“我这里一物也无，求甚么佛法？自家宝藏不顾，抛家散走作么？”[②]

① 关于空的理论究竟所指为何，见拙著《铃木大拙禅论集之三》（*Essays in Zen Buddhism*, Ⅲ）。

② 《五灯会元》卷第三。

大珠禅师有时候会说：

“禅客，我不会禅，并无一法可示于人，不劳久立，且自歇去。”①

又如：

“菩提离言说，从来无得人。”②

或是：

“我宗无语句，实无一法与人……道得也三十棒，道不得也三十棒。”③

有人问大珠禅师说：“云何是常不离佛？”大珠回答说：“心无起灭，对境寂然，一切时中，毕竟空寂，即是常不离佛。”④

有时候我们还可以看到这样的话：“无中间，亦无二边，即中道也。外缚色声，名为彼心，内起妄念，名为此心。心既无二边。中亦何有哉。得如是者。即名中道。”⑤

---

① 见《五灯会元》卷第三。
② 语出《梁朝傅大士颂金刚经》。
③ 德山语。见《五灯会元》卷第七。
④ 语出《大珠慧海顿悟入道要门论》。
⑤ 同前面。

数百年前有一位日本禅师，弟子问他如何摆脱生死缠缚，他回答说："此处无生死。"

菩提达摩是中国禅宗初祖，有一次梁武帝问："如何是佛法第一义？"他回答说："廓然无圣。"

以上只是从禅宗文献的宝库里信手拈来的，而它们似乎都充斥着"空""无""寂静""不思议"及其他类似的观念，我们都可以视为虚无主义，或是宣扬否定性的寂静主义。

此外，《般若心经》[①]里引文可能会比前面例子更让读者吃惊。其实，大乘佛教的般若部经系，尽皆蕴含着"空"的观念。不熟悉这种思考方式的人，或许会瞠目结舌。《心经》被认为是般若经系里最简要却又完备的，是禅寺里日课必诵的经典，每次过堂（用斋）前也要读诵。经云：

> 舍利子，色不异空，空不异色。色即是空，空即是色。受想行识，亦复如是。舍利子，是诸法空相，不生不灭，不垢不净，不增不减。是故空中无色，无受想行识，无眼耳鼻舌身意，无色声香味触法。无眼界，乃至无意识界。无无明，亦无无明尽。乃至无老死，亦无老死尽。无苦集灭道，无智亦无得，以无所得故，菩提萨埵依般若波罗蜜多故，心无挂碍。无挂碍故无有恐怖，远离颠倒梦想，究竟涅槃。

---

① 另见前面石霜禅师的引文，他经常被误解为宣扬断灭论。关于《心经》的梵文原典、玄奘的中译以及比较直译且正确的英译，见拙作《铃木大拙禅论集之三》。作者对于这部重要经典的意义提出个人的诠释。

禅着眼于把握生命的实相

看过所有这些例子以后，或许有人会认为，主张“禅学是在鼓吹纯粹否定的哲学”的批评并没有错，但是，禅学里完全没有批评所说的含义。因为禅总是着眼于把握生命的实相，而那是绝对无法放在知性的解剖台上的。为了把握生命的实相，禅不得不提出一连串的否定句。然而单纯的否定并不是禅的精神，但是因为我们习惯于二元论的思考方法，所以必须从根本上去断除这种知性的谬误。禅当然会主张“非此，非彼，非一切”。但是我们或许还要问，否定这一切以后还剩什么？禅师这时候会趁机给我们一个掌掴，叫道：“痴汉，这是什么？”也许有人会认为那是规避两难问题的借口，或者只是证明他们没有教养。但如果我们领会到禅的纯粹精神，就会知道这一掌掴是非常严肃的。因为那不是肯定，不是否定，而是了了分明的事实、纯粹的经验，也就是我们的存在和思想的基础。人在最活泼的心识活动里所渴望的一切廓然空虚都在这里。我们不再为外物或习气所困惑。禅必须徒手去把握，而不能戴手套。

禅不得不诉诸否定的方式，因为我们本有的“无明”如湿衣裹住身体一般地缠缚心识。“无明”[1]就其本身而言并无不妥，只是它不能逾越其界限。“无明”是逻辑二元论的另一个名字。雪是白的，乌鸦是黑的。但那是属于世界以及它的“无明”的说法。如果我们要探究万物的真理，就必须回到一个原点去观

① 这或许就是赫拉克利特（Heraclitus）的“物极必反”学说。

照它们，在那里，世界仍然未曾有，也还没有产生分别彼此的意识，心识仍然抱元守一，廓然空虚。这是个否定的世界，但是会通往更高或绝对的肯定，也就是在否定当中的肯定。雪不一定是白的，乌鸦不一定是黑的，然而它们各自本身非黑即白。就此而论，我们的日常语言总是无法表达禅所领悟的确切意义。

表面上禅是否定的，但是它也总是举示那本来就在我们眼前的东西。如果我们没有自己去拾起来看，那么是我们的不对。很多被无明遮翳心眼的人对它视而不见。的确，正因为看不见禅，才会认为禅是虚无主义。黄檗禅师在盐官殿上礼佛毕，时唐宣宗为沙弥，问曰：

> “不着佛求，不着法求，不着僧求。长老礼拜，当何所求。”师（黄檗）曰：“不着佛求，不着法求，不着僧求。常礼如是事。”弥曰：“用礼何为。”师便掌。弥曰：“大粗生！”师曰：“这里是甚么所在？说粗说细。”随后又掌。[①]

聪明的读者会看到，尽管黄檗表面上对沙弥很粗鲁，但是他似乎急切地要传达什么东西。他表面上是在呵斥，但在精神上，他是在肯定的。如果我们要理解禅，就必须去领略这一点。

禅对于礼佛仪式的态度，从赵州对礼佛僧人说的话里可见一斑：

---

① 见《五灯会元》卷第四。

> 远侍者在佛殿礼拜次，师（赵州）见以拄杖打一下曰："作甚么。"者曰："礼佛。"师曰："用礼作甚么。"者曰："礼佛也是好事。"师曰："好事不如无。"[①]

这种行为是否有某种虚无主义和偶像破坏的味道？表面上看，是的；但是如果我们领会到赵州的深意，就会看到其中蕴藏着超越言诠理解的绝对肯定。

日本近代禅宗的奠基者白隐禅师[②]年轻时是很精进的禅门弟子，他去参谒正受老人[③]，自诩已经悟道，想得到正受老人的印可。正受问他悟得禅多少。白隐说："若有任何东西可呈手上，我会尽皆吐出来。"于是作呕吐状。正受拽住白隐的鼻子说："这是什么，我不是抓住它了吗？"读者们和白隐一起来思考这个对话，自己去发现正受老人如此写实的接机所要说的是什么东西。

禅不全然是否定，也不是让心里什么都没有，仿佛是纯粹的空无，因为那会是知性的自杀。在禅里头有某种自我肯定，然而那是自由而绝对的，既没有任何局限，也无法以抽象的方式去讨论它。禅是生命的实相，它不是无生命的石头或是虚空。禅修的目的，正是要接触那生意盎然的实相，不，更好说是在行住坐卧

---

① 见《五灯会元》卷第四。

② 白隐慧鹤禅师（1685—1768），日本江户时代临济宗禅僧，号称"五百年间出的大德"，其时流传："骏河有两大杰出之物，一为富士山，一为原之白隐。"见梁晓虹著的《日本禅》（浙江人民出版社，1997）。

③ 即道钟慧端禅师（1642—1721）。

当中把握它。

百丈惟政禅师（720—814）有一次问南泉禅师（748—834）曰：

“诸方善知识，还有不说似人底法也无？”南泉曰：“有。”师曰：“作么生是不说似人底法？”泉云：“不是心，不是佛，不是物。”

这看起来是绝对空的学说，但即使如此，我们仍然窥见经由否定而揭示的某种东西。我们再往下看他们的对话。百丈接着说：

“恁么则说似人了也。”曰：“某甲即恁么。”师曰：“师伯作么生？”曰：“我又不是善知识，争知有说不说底法？”师曰：“某甲不会，请师伯说。”曰：“我太煞，与汝说了也！”①

我们必须先了解这种无法以任何逻辑述句去解释的内在意识状态，才能够合理地谈论禅。言语只是对于该状态的指谓，我们由此得以了解其意义，但是不能把言语视为绝对的指引。我们首先要看看禅师们说这些话的心境是什么。他们这些看似荒谬的行为，或如某些人所说的奇诡谲怪，并不是出于他们反复无常的情绪。他们都有着从个人经验得来的坚固的真理基础。他们看似疯癫的行为，其实是有体系地展现极为重要的真理。

① 见《景德传灯录》卷第六，《五灯会元》卷第三（该处有阙文）。“不说似人底法”：不跟人说的法。

就此真理观之，整个宇宙的生住异灭并不比一个蚊子的飞舞或扇子的轻摇重要。重要的是，要看到在一切里流行不息的精神，那是一种没有一点虚无主义痕迹的绝对肯定。

领悟禅的真理的不二法门

有一僧[①]初参赵州，问：

> “一物不将来时如何。”州曰：“放下着。”师曰：“既是一物不将来，放下个甚么？”州曰：“放不下，担取去。”[②]

赵州如是直率地揭穿了虚无哲学的无益。为了悟禅，即使是“无一物”的念头也要抛弃。唯有不去论断佛，佛才会开显自己；也就是说，为了觅佛，就必须抛弃佛。这是领悟禅的真理的不二法门。人们才要说似无或绝对者，禅就已经鸟非无迹。就连“空”的立足点也要一脚踢开。唯一拯救自己的方法是先投身到无底的深渊，这并非容易的事。

圆悟禅师曾很不客气地垂示说：

> 诸佛不曾出世，亦无一法与人。祖师不曾西来，未尝以心传授。自是时人不了，向外驰求。殊不知自己脚跟下，一段大

---

① 洪州新兴严阳尊者。

② 见《五灯会元》卷第四。

事因缘，千圣亦摸索不着。只如今见不见、闻不闻、说不说、知不知，从什么处得来？若未能洞达，且向葛藤窟里会取。[①]

他真的是要这么问吗？或者那其实是描绘某种心境的肯定句呢？

禅是世界上最严肃的东西

因此，当禅否定时，那不一定是逻辑意义上的否定，而肯定语句亦复如是。重点是，经验的究竟实相不能受限于任何人为或结构性的思考法则，也不能受限于“是”与“非”的对立命题，或是琐碎而干枯的知识论公式。禅学看起来经常是谬误和非理性的，然而那仅仅是表面。无怪乎它总是难逃想当然耳的推论、曲解、诠释错误以及恶意的嘲笑。关于虚无主义的非难也是其中之一。

维摩诘居士曾问文殊师利菩萨：

“何等是菩萨入不二法门？”文殊师利曰：“如我意者，于一切法，无言无说，无示无识，离诸问答，是为入不二法门。”

于是文殊师利问维摩诘：“我等各自说已，仁者当说何等是菩萨入不二法门？”时维摩诘默然无言。[②]

---

① 见《碧岩录》卷六。

② 见《维摩诘所说经·入不二法门品第九》。

如此神秘主义式的答辩，也就是默然不语，似乎是禅在回避诘难时的唯一手段。于是圆悟垂示说：

> 道是是无可是，言非非无可非。是非已去，得失两忘。净裸裸，赤洒洒，且道面前背后是个什么？或有个衲僧出来道：面前是佛殿三门，背后是寝堂方丈。且道：此人还具眼无？若辨得此人，许尔亲见古人来。①

当沉默也没有用的时候，我们是否要学圆悟一样说“天国之门开于上，永火烧于下”呢？它是否能够阐明禅的究竟意义，而不会被“是”与“非”的二元论给窒息了呢？的确，只要还有一点“彼此”“我的、你的”的意识痕迹，就没有任何人可以完全理解禅，古德们也和我们没有半点交涉。内心的宝藏将永远腐烂。

有一僧问：

> “《维摩经》云：欲得净土，当净其心。云何是净心？”答：“以毕竟净为净。”问：“云何是毕竟净为净？”答：“无净无无净即是毕竟净。”问：“云何是无净无无净？”答：“一切处无心是净，得净之时不得作净想，即名无净也。得无净时亦不得作无净想，即是无无净也。”②

① 见《碧岩录》卷九。
② 《大珠慧海顿悟入道要门论》。

如是，毕竟净也就是绝对的肯定，因为它超越了净与不净，且在更高的综合形式当中统一了它们。其中没有否定，也没有任何矛盾。禅的目标就是在行住坐卧当中去体会这种统一的形式，而不把生命视为形而上学的练习题。禅的一切“问答”都必须如是观。其中没有吹毛求疵、语言游戏或诡辩。禅是世界上最严肃的东西。

且让我引一段古德的话[1]作结：

> 讲唯识道光座主问曰：“禅师用何心修道？”师曰：“老僧无心可用，无道可修。”曰：“既无心可用，无道可修，云何每日聚众劝人学禅修道？”师曰：“老僧尚无卓锥之地，什么处聚众来？老僧无舌，何曾劝人来？”曰：“禅师对面妄语。”师曰：“老僧尚无舌劝人，焉解妄语？”曰：“某甲知不会禅师语论也。”师曰：“老僧自亦不会。”[2]

---

① 马祖禅师弟子大珠慧海语。

② 《大珠慧海顿悟入道要门论》。

第四章

不合逻辑的禅

禅

空手把锄头，步行骑水牛。

人从桥上过，桥流水不流。

这是习称为傅大士的善慧大士（497—569）的著名偈语。它勾勒出禅门弟子的见解。尽管它能代表禅的一切教法，却描绘了禅的主要旨趣。想要以知性的方法理解禅的真理（如果可能的话）的人，首先必须领会该偈语的真正意义。

没有什么东西比这四句偈更不合逻辑、更违反常识的。批评者习于说禅是荒谬的、混淆的、偏离一般论证框架的。然而，禅也是坚定不屈的，坚称以所谓常识的方法去认识万物绝非究竟，我们之所以无法洞彻真理，正是由于我们不合理地执着于“逻辑”的诠释。如果我们真的要探索生命，就必须放弃我们视为至宝的三段论法，必须有新的观照方式，以扬弃逻辑的专制以及日常用语的片面性。尽管看似很吊诡，禅却坚持必须“空手把锄头”，而且“桥流水不流”。

然而，禅的非理性述句不止于此。还有许多同样艰涩难解的例子。此即为什么有人会说禅是痴人说梦话。的确，我们的读者看到以下的主张会怎么说呢？

“张公吃酒李公醉。”①

“问：‘如何是诸佛师？’师喝曰：‘这田库儿。’”②

“石牛长吼真空外，木马嘶时月隐山。”③

“大洋海底红尘起，须弥顶上水横流。”④

有时候，禅还会问你以下的问题：

“雨似盆倾，会么？”⑤

“你可以听到两手拍掌的声音，现在你举示一只手的声音。”⑥

“如果你听到只手之声，可以让我也听到吗？”

“问：‘承教有言：是法平等，无有高下。如何是平等法？’师曰：‘尧峰高，宝华低。’”⑦

---

① 明教禅师语。见《五灯会元》卷第十四。
② 道膺禅师语。见《五灯会元》卷第十二。
③ 崇慧禅师语。见《五灯会元》卷第一。
④ 警玄禅师语。见《五灯会元》卷第十四。
⑤ 干峰和尚语。见《五灯会元》卷第十三。
⑥ 白隐禅师语。
⑦ 颢暹禅师语。见《五灯会元》卷第十。

不落名相更能开显诸法实相

禅门弟子果真疯了吗？或是他们喜欢故作神秘？这些句子除了让我们摸不着头绪外，就没有任何内涵或启发性的意义吗？禅利用这些看似琐碎而不合理的东西，究竟要让我们领悟什么？答案很简单。禅要我们有个全新的观点，好去窥探生命的奥秘和自然的秘密。因为禅坚信一般的逻辑论证无法彻底满足我们最深层的灵性渴望。

我们一般认为“A 是 A”是绝对的，而“A 是非 A”或“A 是 B”这样的命题是绝不可能成立的。我们从未能突破这些理解的条件限制。但是现在禅宣称，语词只是语词而已。当语词不再与事实对应时，我们就应该抛开语词，回到事实去。只要逻辑还有实用价值，就可以继续使用；但是当它行不通或是逾越其分际时，我们就得大喊：“且住！”自从意识觉醒以来，我们一直努力要解答存在的奥秘，并且以“A”与“非 A”的二元论满足我们对于逻辑的渴望；亦即，说桥是桥，说水会流动，说尘起于土；但是让我们失望的是，我们不曾得到心灵的平安、完美的幸福，以及对生命和世界的彻底理解。我们其实已经不知所措。我们再也不知道如何开拓对于实在界的认知。灵魂深处的烦恼难以言喻，此时我们整个存在突然看到一线光明，那就是禅的开端。因为我们开始明白，“A 其实是非 A”，所谓的“不合逻辑”终究不一定是不合逻辑；表面上不合理的东西，毕竟也有其逻辑，而对应于真实的事态；“空手把锄头！”由此，我们得到至福，因为，这个矛盾居然就是我们自从知性的黎明以来寻寻觅觅的东西。所谓“知性的黎明”并不是知性的肯定，而是超越知性自身。唯有“A 是非 A”，才能够明白“A 是 A”这个命题。“是自身”就是“不是自身”，这就是禅的逻辑，而且它满足了我们所有的渴望。

“花非红，柳非绿”，习禅者闻此犹如醍醐灌顶。只要我们认为逻辑是究竟的，我们就始终受缠缚，我们没有心灵的自由，也看不到生命的实相。但是现在我们有了一窥全貌的钥匙，我们是实在界的主人，语词把权力让渡给我们。如果我们想说锄头不是锄头，也自无妨；锄头并不会一直是锄头，而且禅师们认为，不落名相更能开显诸法实相。

挣脱名相和逻辑的暴力，同时也就是灵性的解放，因为灵魂不再对自己起分别心。知性得到自由以后，灵魂就完全拥有自己；它不再为生死烦恼，因为再也没有二元分别；生死相待，我们就在其中流转。从前我们始终看到万物的对立面和差别面，在态度上和它们多少有点对立。但是现在它被推翻了，我们终于可以看到世界的内在。于是，“铁树开花”“雨打不湿”。由此，灵魂得以整全、完美且充满幸福。

禅的观点是具有原创性和启发性

禅着眼于诸法实相，而非它们的逻辑、语词、偏见和笨拙的表象。直心是禅的灵魂，那也是它的活力、自由和原创性的来源。基督教倡言心灵的单纯，其他宗教也是，但是那并不意味着头脑简单。在禅里头，它的意思是摆脱知见的葛藤，而不随着挖空心思的哲学论证失魂落魄。它也意味着如实认识诸法实相，也明白一切言说都只是假名而已。禅经常把心比喻为纤尘不染的镜子。因此，禅所谓的直心，是指时时保持镜子明亮干净，单纯且绝对地反映一切现前的东西。如是就会明白，锄头既是锄头又不是锄头。认识到锄头是锄头，那只是常识的观点，唯有认识到锄头是锄头，又认识到锄头不是锄头，那才是禅。常识的观点乏味无趣，然而禅的观点却总是具有原创性和启发性。在禅的每个机锋里总是充满了活力，其中有一种创造的行动。

禅认为我们总是受制于言说和逻辑。只要我们一直受缚，便烦恼不断。但是如果我们想要看看真正值得认识的东西，看看对我们的灵性幸福有益的东西，那么我们就得一举遣除所有执着；我们必须看看是否有个新的观点，可以从全体去审视世界，从内在去体会生命。于是我们不得不纵身一跃，到那“无名”的深渊，直接体认那个“心生万象”的精神。在那里，没有逻辑，没有哲学思辨，不会扭曲事实以符合我们的测量尺度，也不会戕害人性以臣服于各种知见分别；两个心灵如镜子一般彼此映照，在它们中间没有任何障翳。

在这个意义下，禅是非常务实的。它和抽象思考或复杂的辩证法没有任何交集。它抓起在你前面的锄头，举到你眼前，很不客气地说：“我既握着锄头，也没有握着它。”它不谈神或灵魂，也不谈无限或死后的生命。手握着家用的锄头，看似很平常的事，却开显了生命的一切奥秘，再也没有任何缺憾。为什么？因为禅为诸法实相的体会另辟蹊径。我们认识到墙隙的小花，也就认识到世界的森罗万象。在禅里头，锄头是解开世界之谜的钥匙。如是我们看到，禅在解开最艰深的哲学难题时，竟是如此的淋漓畅快、充满生命！

中世纪早期一位基督教神父说："唉，可怜的亚里士多德，你为异教徒发现了辩证术、证立和反驳的技巧、畅言空谈的技巧。"[①] 的确是河汉斯言！我们看到历来的哲学家们，如何以逻辑论证和分析去探究所谓的科学和知识的问题，而彼此针锋相对！无怪乎这位老智者为了止息无益戏论而在那些筑沙者中间掷下一颗炸弹说："正因为那是不可能的，所以是确定的。"或者更合乎逻辑地说："因为悖理，所以我相信。"这岂不是无条件地印证禅的主张吗？

有一个老和尚在上堂前拈拄杖指灯笼说："还见么？若言见，是破凡夫。若言不见，有一双眼在，尔作么生会。"[②] 在禅里头没有戏论。除非你打开第三只眼，看到事物最深层的秘密，否则你无法了解古德们在说什么。那既见拄杖又不见拄杖的第三只眼是什么？我们从何处得到如此不合逻辑的领会呢？

禅说："佛说法四十九年，未曾动其广长舌。"有人可以说话而舌头不动的吗？为什么要如此悖理呢？对此，玄沙师备禅师解释说："诸方老宿尽道接物利生，只如三种病人，汝作么生接？患盲者，拈槌竖拂他又不见。患聋者，语言三昧他又不闻。患哑者，教伊说又说不得。若接不得。佛法无灵验。"[③] 或许佛眼

---

① 特土良（Tertullian）语。

② 云门文偃禅师语。见《古尊宿语录》卷第十六，《云门文偃匡真禅师广录》卷上。

③ 见《五灯会元》卷第七，另见《传灯录》卷十八。

禅师的评论有助于理解这个问题。他上堂对弟子们说：“有双耳，又何曾闻来？有片舌，又何曾说来？既无说、无闻、无见，何处有色声香味来？”[①]（也就是说，何处有此世界？）

如果我们对这番评论仍然摸不着头绪，可以看看云门文偃禅师可不可以帮助我们。云门举玄沙语示众后——“有僧请益师。师云：‘你礼拜着。’僧礼拜起，师以拄杖便挃。僧退后，师云：‘你不是患盲。’复唤近前，僧近前，师云：‘你不是患聋。’乃竖起拄杖云：‘还会么？’僧云：‘不会。’师云：‘你不是患哑。’”[②]

有了以上的评论和动作，我们还在“未知领域”里游荡吗？如果是的话，我们也别无他法，只好回到最初的偈语：

> 空手把锄头，步行骑水牛。

禅要从内在去生活

我再补充几句话：为什么禅要如此大肆抨击逻辑呢？为什么我们一开始就先讨论禅的不合逻辑的面向呢？那是因为逻辑充斥着我们的生活，让许多人以为，逻辑就是生活，没有了它，生活就没有意义了。生活的地图被逻辑明确地划定，我们只能依循着它，不得抵触思考法则，因为它是最究竟的东西。一般

---

① 龙门清远禅师语。见《古尊宿语录》卷第二十七，《舒州龙门清远佛眼和尚语录》。

② 见《古尊宿语录》卷第十六，《云门文偃匡真禅师广录》卷上。

人总是抱持这种观点，虽然我必须说他们其实一再违反他们认为不得侵犯的思考法则。也就是说，他们一直在“空手把锄头”，他们经常认为二加二等于三，有时候等于五，只不过他们没有意识到这个事实，想象他们的生活是有逻辑或数学规则的。禅就是要攻破这个颠倒幻梦的城堡，证明我们的生活是属于心理和生物的，而不是逻辑的。

在逻辑里处处有斧凿的痕迹，逻辑是有自我意识的。伦理学亦复如是，它是逻辑在现实生活里的应用。雍言雍行的人知道要博施济众，而为众人所赞誉，他也可能期望未来的回报。因此我们会认为他的心有染污，并不完全清净，尽管他的行为在客观上或对社会而言是好的。禅非常厌恶这种心态。生活是一种艺术，而就像完美的艺术一样，它必须是忘我的，其中不能有任何斧凿痕迹。禅认为生命应该如“空中飞鸟，不知空是家乡。水里游鱼，忘却水为性命”[①]。只要有一点人为造作的味道，一个人就被命定了，再也不是自由的存在者。你无法正其性命，为环境的暴虐而烦恼不断；你始终觉得受到束缚，而失去了你的独立性。禅意欲保存你的生命力，你本有的自由，尤其是你的存在的完整性。换言之，禅要从内在去生活。不要被规则限制住，而是要创造自己的规则，那就是禅要我们过的生活。它的各种不合逻辑的（或更好说是超越逻辑的）说法亦复如是。

① 诵慧珪禅师语，见《五灯会元》卷第十六。

有一位禅师[1]上堂说：

一代时教，五千四十八卷，空有顿渐，岂不是有？永嘉道："亦无人亦无佛；大千沙界海中沤，一切圣贤如电拂。"岂不是无？大众若道是有，违他永嘉；若道是无，又违释迦老子。作么生商量得恰好？若知落处，朝见释迦暮参弥勒；若也未明，白云为点破。道无不是无，道有不是有；东望西耶尼，面南看北斗。[2]

---

① 五祖法演禅师。

② 见《法演禅师语录》卷中。"东望西耶尼"：朝东望西瞿耶尼州（佛教四州之一：南阎浮提、西瞿耶尼州、东弗婆提州、北郁单越州）。

第五章

禅是更高的肯定

禅

首山省念禅师（926—992）有一次举竹篦问弟子们：“唤作竹篦则触，不唤作竹篦则背；不得有语，不得无语，速道！速道！”其中一个弟子[①]抢过竹篦，折断它，掷到地上说：“是甚么？”[②]

习于抽象思考以及高谈阔论的人，或许会觉得不值一哂，那些博学深思的哲学家和微不足道的竹篦有什么关系呢？沉浸于深奥的冥想里的学者们，哪里会在乎它是否唤作竹篦，它是否被折断或被掷到地上。但是对于禅门弟子而言，首山的开示却有着无尽意蕴。我们若能明白他提问的心态是什么，或许可以初窥禅的堂奥。而其后也有许多禅师效法首山禅师，举竹篦要弟子们回答。

---

① 指归省禅师。

② 见《无门关》第四十三则，另见《五灯会元》卷第十一。

突破“是”与“非”的对立，才能体会真正自由的生命

用读者比较习惯的抽象方式来说，其理念是要得到更高的肯定，而不是肯定和否定的逻辑对立命题。一般来说，正因为我们以为自己无法超越对立，所以始终不敢去逾越它。逻辑一直在恐吓我们，一提到它的名字，我们就觳觫不安。自从知性觉醒以来，心智就一直被规定在逻辑二元论的严格训练下运作，而拒绝抖落它想象中的枷锁。我们从未想到可以摆脱这个自己设定的知性限制。的确，除非我们突破“是”与“非”的对立，否则就不可能去体会真正自由的生命。而灵魂一直在哭喊着它，却忘记了要达到更高的肯定形式，而没有否定与肯定的矛盾分别，其实没有那么困难。而由于禅，我们终于经由禅师手里的竹篦达到这个更高的肯定。

不消说，禅师所举的竹篦，也可以是这个森罗万象的殊相世界里的任何一种东西。在这竹篦里，我们看到了所有可能的存在，也看到了我们所有可能的经验。我认识到它，这不起眼的竹篦，也就认识了三千大千世界。我握在手里，也就握住整个宇宙。当我谈论它时，也是在谈论宇宙万物。得一隅即得一切。诚如华严哲学所说的：一摄一切，一切摄于一；一即一切，一切即一，一入一切，一切入于一。一一微尘亦复如是。但是要注意，这不是什么泛神论，也没有什么同一性理论。因为当竹篦被举到你面前时，它就只是竹篦；竹篦里不曾吸纳宇宙，没有一切，没有一；才要举似“我见到竹篦”或“它是竹篦”就已经乖离。禅已经鸟飞无迹，更不用说什么华严哲学了。

我在前面几章的某处谈到禅的不合逻辑，现在读者可以明白为什么禅反对逻辑，无论是形式逻辑或非形式逻辑。禅自己也不想不合逻辑，它只是想让人们明白，逻辑的一致性并非究竟，而单纯的知见是无法得到某些超越性的语句的。当一切都上轨道时，“是”与“非”的知性窠臼还蛮管用的。但是一旦临到终极的生命问题，知性就捉襟见肘了。当我们说“是”时，我们是在肯定，并因而限制了自己；当我们说“不是”时，我们是在否定，而否定是一种排斥。排斥和限制，它们毕竟是同一回事，都是在戕害灵魂。灵魂的生命不是应该完全自由且和谐的吗？在排斥或限制里，是不会有自由或和谐的。禅很明白这一点。因此，基于我们内在生命的需求，禅带领我们到一个没有任何对立的绝对领域。

生命要拥有自由，就必须是一种绝对的肯定

然而，我们要记得，我们是活在肯定里，而不是在否定里，因为生命本身是肯定的，而这个肯定不能有否定的伴随或制约；因为那样的肯定就是相对的，一点也不绝对。有了那样的肯定，生命会失去其创造性的泉源，变成如没有灵魂的行尸走肉一般的机械运转。如果生命要拥有自由，就必须是一种绝对的肯定。它必须超越一切会阻碍自由行动的可能的制约、限制和对立。首山对弟子举竹篦，无非是要他们明白这种绝对肯定的形式。任何从一个人的内在存在流出的答案都可以，因为那总会是绝对的肯定。因此，禅不仅是意味着挣脱知性的桎梏，有时候会

流于放荡不羁。禅既可以让我们抛去缠缚，也能够让我们立定脚跟，但那不是相对意义下的立足点。禅师努力要夺走弟子们生来即有的立足点，然后给他们一个其实不算是立足点的东西。如果用竹篦还不得要领，任何称手的东西都可以派上用场。虚无主义不是禅，因为这只竹篦或其他东西不能像言语或逻辑那样被打发掉。我们在禅的研究里不可忽略这一点。

我举若干例子说明一下。德山宣鉴禅师上堂前举拄杖示众说："道得也三十棒，道不得也三十棒。"[①] 他对弟子们总是这么说。没有长篇大论的宗教或道德谈话，也没有抽象的论述，没有吹毛求疵的形而上学；相反，我们看到粗鲁的举动。对于那些认为宗教总是懦弱和假神圣的人而言，禅师们应该都是一些大老粗吧。但是直接开显出来的事实，一般来说也是很狂暴的东西。我们必须光明正大地面对它们，因为再怎么眨眼逃避都没有用。打了三十棒以后，内在的眼睛就打开了。从生命灼热的火山口就会迸出一个绝对的肯定。

五祖法演禅师曾说："路逢达道人，不将语默对，未审将什么对？"[②] 他的用意即是要人明白我所说的绝对的肯定。不只是要跳脱"是"与"非"的对立，而是要找一个积极的方法，让对立可以完全和谐，法演的问题就是这个目的。一位禅师指着生炭对弟子说："老僧唤作火，汝唤作什么？"[③] 也是

---

① 见《五灯会元》卷第七。

② 见《无门关》。

③ 赵州禅师语。见《传灯录》卷十。另见《五灯会元》卷第四。"因僧侍次，遂指火问曰：这个是火，你不得唤作火，老僧道了也。"

如此。禅师希望弟子们的心能摆脱逻辑的束缚，那一直是人性的致命伤。

禅不是用来迷惑你的谜语。这其中无任何戏论，如果你无法回答，便要面对一切结果。你是要永远受缚于你的思考法则，还是要在无始无终的生命肯定里拥有完全的自由？你不能犹豫。抓住诸法实相或是让它溜走，除此之外别无选择。禅修法门一般会把人丢到一个两难里头，让人设法走出来，当然不是以逻辑，而是以更高层次的心灵。

药山惟俨禅师初次谒见石头希迁禅师便问：

> “三乘十二分教某甲粗知，尝闻南方[①]直指人心，见性成佛。实未明了，伏望和尚慈悲指示。”头曰：“恁么也不得，不恁么也不得，恁么不恁么总不得，子作么生？”师罔措。头曰：“子因缘不在此，且往马大师（马祖道一禅师）处去。”师禀命恭礼马祖，仍伸前问。祖曰：“我有时教伊扬眉瞬目，有时不教伊扬眉瞬目，有时扬眉瞬目者是，有时扬眉瞬目者不是。子作么生？”师于言下契悟。便礼拜。祖曰：“你见甚么道理便礼拜？”师曰：“某甲在石头处，如蚊子上铁牛。”[②]

这样的理由或解释够了吗？这个所谓的肯定（恁么）真是奇怪啊！唐朝宣州刺史陆亘大夫问南泉禅师：

---

① 不同于佛教其他宗派，禅宗源自中国。

② 见《五灯会元》卷第五。

"古人瓶中养一鹅，鹅渐长大，出瓶不得。如今不得毁瓶，不得损鹅，和尚作么生出得？"泉召大夫，陆应诺，泉曰："出也。"[1]

这就是南泉禅师让鹅挣脱束缚的方法。陆亘得到他的更高的肯定了吗？

香严智闲禅师[2]上堂说：

若论此事，如人上树，口衔树枝，脚不蹋枝，手不攀枝，树下忽有人问："如何是祖师西来意？"不对他，又违他所问。若对他，又丧身失命。当恁么时作么生即得？[3]

尽管是用寓言的方式提问，其旨趣则并无二致。你一开口说是道非，就已经迷失了。禅已经不在那里了，但是缄默不语也没有用。地上的石头无语，盛开的花亦无语，但是它们不懂禅。应该有个方法，让默然不语和辩才无碍可以殊途同归，也就是在一个更高的陈述形式里统一肯定和否定。如果我们找到了那个方法，我们就认识了禅。

但是，什么是一个绝对肯定的述句呢？百丈怀海禅师要决定谁来接任大沩山住持，于是把第一座弟子华林觉和典座沩山找来：

---

① 见《五灯会元》卷第三。

② 沩山灵佑禅师（771—853）法嗣。

③ 见《五灯会元》卷第九。

即指净瓶问曰："不得唤作净瓶，汝唤作甚么？"林曰："不可唤作也。"丈乃问师（沩山）。师踢倒净瓶便出去。[1]

于是沩山便任新住持，为"一千五百善知识之师"。踢倒净瓶就是绝对的肯定吗？你也可以模仿该动作，但是你不一定会被认为悟道。

禅非常厌恶任何形式的模仿，因为它会斫（zhuó，砍；削）伤生命。同理，禅也不解释任何东西，而只是肯定。生命是个实相，任何解释既无必要也不恰当。解释是辩护，我们为什么要替生命辩护呢？只是活着——那不就够了吗？那么就让我们活着，让我们肯定吧！禅正纤尘不染且赤裸裸地蕴含于其中。

更高的肯定是活在精神里

在南泉的禅寺里，东西两堂争夺一只猫，南泉看到了便对众人说："道得即救取猫儿，道不得即斩却也。"[2] 由于众人无语以对，南泉便斩了猫，同时也一举斩断了"我的""你的"的无益争论。后来赵州自外面归来，南泉举前语示之，问他如何救得猫。赵州只是脱掉草鞋放在头上。南泉见状说："子若在，即救得猫儿也。"

这到底是什么意思呢？为什么要牺牲一只可怜的小动物

① 见《五灯会元》卷第九。
② 见《五灯会元》卷第三。

呢？赵州把草鞋放在头上，和他们的争论有什么关系呢？南泉杀了生，岂不是犯戒而且太残忍了点儿吗？赵州怎么会玩这种奇怪的把戏，他是个傻瓜吗？而“绝对的否定”和“绝对的肯定”是两个不同的东西吗？在这两个“演员”心里，有一个极为严肃的东西。除非领会到它，否则禅就只是一场闹剧。猫儿当然不是无缘无故被斩的。如果畜生也能成佛的话，那么这只猫是一定要成佛的。

赵州禅师有一次被问道：“万法归一，一归何所？”他回答说：“老僧在青州做得一领布衫，重七斤。”[1] 这是一则非常有名的公案。我们或许会问：“这就是所谓绝对的肯定吗？老和尚的布衫和万法一体有什么关系？”那么我问你：你相信万物都存在于神里头，那么神住在哪里呢？是在赵州的七斤布衫里吗？当你说神在这里头时，他可能已经不在了；但是你又不能说他不在任何地方，因为根据你的定义，神是全在的。只要我们囿于知性的桎梏，我们就无法见到神本身；我们到处寻觅他，但是他总是杳然无踪。知性渴望要定位他，但是他本质上是无法被局限的。这是知性很大的两难，而且是不可避免的。我们如何走出困境呢？赵州的布衫不是我们的；我们不能盲目模仿他回答问题的方式，因为我们每个人都得披荆斩棘，开辟出自己的路。如果有人以同样的问题问你，你要如何回答他，我们在生命的每个转折点不也都遇到同样的问题吗？我们不也急着想知道直接而有用的答案吗？

---

① 见《五灯会元》卷第四。

凡有学者参问，俱胝和尚[①]皆竖一指以对，无别提唱：

> 有一供过童子，每见人问事，亦竖指对。人谓师曰："和尚，童子亦会佛法，凡有问皆如和尚竖指。"师一日潜袖刀子，问童曰："闻你会佛法，是否？"童曰："是。"师曰："如何是佛。"童竖起指头，师以刀断其指，童叫唤走出。师召童子，童回首。师曰："如何是佛。"童举手不见指头，豁然大悟。[②]

模仿就是奴隶。我们不可以人云亦云，而必须抓住其精神。更高的肯定是活在精神里。那么精神在哪里？到你每天的行住坐卧里寻去，其中有一切你所需要的证明。

经云："城东有一老母，与佛同生而不欲见佛。每见佛来，即便回避。虽然如此，回顾东西，总皆是佛，遂以手掩面，于十指掌中亦总是佛。"[③]我要问："这老妇人是谁？"

绝对的肯定是佛；你不能逃避它，因为你每一转头，它就在你面前；但是你却见面不相识，除非你像俱胝和尚的弟子一样失去了一指。听起来很奇怪，但我们其实就像是"饭箩边坐饿死人，临河渴死汉"。[④]有一位禅师更说："通身是饭，通身是水。"如果是这样，我们就不能说我们饿了或渴了，因为在我们

---

① 杭州天龙和尚法嗣。

② 见《五灯会元》。

③ 见《传灯录》卷一。

④ 见《云门文偃匡真禅师广录》卷中。"举雪峰云：'饭箩边坐饿死人，临河渴死汉。'玄沙云：'饭箩里坐饿死汉，水里没头浸渴死汉。'师云：'通身是饭，通身是水。'"

里头从来就不缺什么。有个僧人称孤贫，乞求曹山本寂禅师赈济，曹山唤他："阇黎。"那僧人应诺。于是曹山说："清原白家酒三盏，吃了犹道未沾唇。"[①] 或许我们就像那既孤贫又富有的僧人一样，我们明明很富足，却浑然不觉。

我再从禅宗语录里举一个例子来解释什么是对于禅的真理的绝对肯定。清平令遵禅师（845—919）造于翠微禅师之室，问道：

> "如何是西来的的意。"翠微曰："待无人即向汝说。"师（指清平）良久，曰："无人也，请和尚说。"翠微下禅床，引师入竹园。师又曰："无人也，请和尚说。"翠微指竹曰："这竿得恁么长，那竿得恁么短。"[②]

① 见《五灯会元》卷第十三。

② 见《传灯录》卷十五。

第六章

平凡的禅

禅

至今我们都从知性的角度去讨论禅，以证明从这条路是不可能领会到禅的。其实，对禅而言，如此的哲学探究是不够的。禅非常厌恶媒介，尤其是知性的媒介。禅自始至终都是一种修行和体验，而不依赖任何解释。因为解释耗时费神，而且总是不得要领。你看到的总是误解或是扭曲的观点。当禅要你尝一尝糖的甜味时，它是要你把糖放到嘴里，什么话也不必说。禅门弟子会说，如人以手指月[1]，如果把手指当作月亮，那就太不幸了。这似乎不太可能，但是谁知道我们犯了多少这种错误而不自知呢？无知经常可以让我们不至于骄矜自满。但是论述禅的作者唯一能做的，就是以手指月，因为这是他当下唯一可以使用的工具。而他也必须尽可能地让他所要说的东西湛然明白。如果以形而上学去探究禅，读者可能会因其深奥难解而望之却

---

① 《楞严经》卷二："如人以手指月示人，彼人因指当应看月。若复观指以为月体，此人岂唯亡失月轮，亦亡其指。"《大智度论》卷九："如人以手指指月，以示惑者，惑者视指而不视月。"

步，因为一般人并不习于思辨或内省。且让我以一个很不同的观点去探讨，或许可以更接近禅。

禅的观念是在生命的生灭流转中把握生命

赵州禅师问南泉："如何是道？"南泉回答说："平常心是道。"[①]换句话说，你自己的静默、自足、诚实的存在，那就是禅的真理，也就是我所谓禅自始至终都是实证的。它直接对生活开显，甚至不谈灵魂或上帝，也不谈任何会妨碍生活的东西。禅的观念是在生命的生灭流转当中去把握生命。在禅里头并没有什么奇特或神秘的东西。我举手，我从桌子那一端拿起一本书，我听见窗外男孩们在玩球，我看到云飘过附近的林子——在这一切当中，我都在习禅，过着禅的生活。不必有讨论，也不需要言诠。我不知道为什么，也不需要任何解释，但见太阳升起，整个世界快乐起舞，每个人心里幸福满溢。如果禅是可以理解的话，那就要在这里去把握它。

当菩提达摩被问到他是谁时，他说："不识。"[②]这不是因为他无法解释自己是谁，也不是他想止息任何言语争辩，而是因为他只知道他就是他，此外无物。此理甚明。南岳怀让禅师（677—744）往诣六祖，六祖问："甚么物恁么来？"他不知如何回答。过了八年，忽然有省，对六祖说："说似一物即不中。"[③]

① 见《五灯会元》卷第四。

② 见《五灯会元》卷第一："帝曰：'对朕者谁？'祖曰：'不识。'"

③ 见《五灯会元》卷第四。

这和说“不识”是一样的。

石头希迁禅师有一次问药山惟俨禅师：

“汝在这里作么。”曰：“一切不为。”石头曰：“恁么即闲坐也。”曰：“若闲坐即为也。”石头曰：“汝道不为，且不为个甚么？”曰：“千圣亦不识。”①

这并不意味着什么不可知论，也不是神秘主义，如果那是在神秘化的意义下去理解的。这里只是以平凡的语言去说一个平凡的事实。如果读者们不觉得如此，那只是因为他们还没有到达菩提达摩或石头禅师的境界。

梁武帝有一次请傅大士（497—569）讲《金刚经》：

大士便于座上，挥案一下，便下座。武帝愕然，志公问：“陛下还会么？”帝云：“不会。”志公云：“大士讲经竟。”②

这个静默不语的佛教哲学家究竟讲了什么经啊？后来圆悟禅师评道：“直截与尔，壁立万仞。”文殊师利曾问维摩诘居士说：“仁者当说何等是菩萨入不二法门？”维摩诘同样也以默然不语回答。其后有禅师以偈颂说：“对谈一默震乾坤。”③这个默

① 《传灯录》卷第十四。

② 见《碧岩录》。

③ 石霜楚圆禅师语。见《慈明禅师语录·三句颂》。“第三句：维摩示疾文殊去，对谈一默震乾坤，直至如今作笑具。”

然不语真的如此震耳欲聋吗？若是如此，那么我现在也闭嘴好了，整个宇宙及其喧嚣扰攘就尽皆被吞没在绝对的沉默里。但是拟态现象不会让青蛙变成绿叶。没有创造性，就没有禅。我必须说："太迟了，太迟了，箭已离弦！"

一位僧人尝问六祖惠能：

> "黄梅意旨什么人得？"师云："会佛法人得。"僧云："和尚还得否？"师云："我不会佛法。"[①]

要悟得禅的真理既困难却又何等容易！困难在于悟即不悟，容易则在于不悟即悟。一位禅师甚至说："释迦弥勒犹是他奴。"[②]

我们现在可以看到为什么禅要呵斥抽象思考、描摹和比喻。执着于诸如神、佛、灵魂、无限的言诠，只是无益戏论。它们毕竟只是文字和观念，究其本身而言，是无助于悟道的。相反，它们经常会误导我们甚至相互矛盾。我们也被迫要小心提防。有禅师说："争知道说个佛字三日漱口。"[③]或是"佛之一字，永不喜闻"。[④]或是"有佛处不得住，无佛处急走过"。[⑤]为什么禅门弟子这么讨厌佛呢？佛陀不是他们的世尊吗？佛不是佛教的究竟实相吗？他不可能是禅门弟子避之唯恐不及的讨厌或不净的东西。他们不喜

---

① 《六祖坛经·机缘品第七》。

② 见《东林和尚云门庵主颂古》。"东林颂：紫罗帐里撒真珠，禅客相承总掠虚；拍手呵呵开口笑，释迦弥勒是他奴。"

③ 见《无门关》卷一。

④ 丹霞天然禅师语。见《五灯会元》卷第五。

⑤ 云峰文悦禅师语。见《五灯会元》卷第十二。

欢的不是佛本身，而是黏着在那个字上面的讨厌东西。

关于“佛是什么或佛是谁”的问题，禅师们有各种各样的回答。为什么会这样呢？其中至少有一个理由，在于他们要我们舍弃任何来自外境的系缚和执着，例如文字、观念、欲望等。以下是若干回答：

“土身木骨，五彩金装。”①

“神工画不成。”②

“殿里底。”③

“非佛。”④

“汝是慧超。”⑤

“干屎橛。”⑥

“东山水上行。”⑦

“不诳汝。”⑧

“独坐五峰前。”⑨

“杖林山下竹筋鞭。”⑩

---

① 宝严叔芝禅师语。见《五灯会元》卷第十五。“僧问：‘如何是佛？’师曰：‘土身木骨。’曰：‘意旨如何？’师曰：‘五彩金装。’曰：‘恁么则顶礼去也？’师曰：‘天台榔栗。’”

② 杭州龙井通禅师语。见《五灯会元》卷第七。

③ 赵州从谂禅师语。见《五灯会元》卷第四。

④ 净居尼妙道禅师语。见《五灯会元》卷第二十。

⑤ 策真法施禅师语。见《五灯会元》卷第十。

⑥ 云门文偃禅师语。见《东林和尚云门庵主颂古》。

⑦ 云门文偃禅师语。见《云门匡真禅师广录》卷上。

⑧ 建州梦笔和尚语。见《五灯会元》卷第七。

⑨ 法华院和尚语。见《五灯会元》卷第十一。

⑩ 风穴延沼禅师语。见《五灯会元》卷第十一。

"麻三斤。"[①]

"口是祸门。"[②]

"水出高原。"[③]

"三脚驴子弄蹄行。"[④]

"芦芽穿膝。"[⑤]

"露胸跣足。"[⑥]

这只是我随手拈来的几个例子。如果系统地搜寻整个禅学文献，我们会看到，关于"如何是佛"这个简单的问题，有许许多多奇怪的回答。以上所举的若干回答是完全不切题的；从我们一般的论证标准去看，它们一点也不恰当。而有些回答则是拿问题或提问者开玩笑。我们能够相信说这些话的禅师们是认真的或是真的要让弟子们开悟吗？但是重点是，我们的心智是否和作此异语的禅师们的境界完全相契？如果是的话，每个回答都将会面目一新而且通澈晶莹。

禅是实证且当下即是的

禅是实证且当下即是的，从不浪费时间或言语在解释上面。

---

① 洞山守初禅师语。见《五灯会元》卷第十五。
② 五祖法演禅师语。见《五灯会元》卷第十九。
③ 石霜楚圆禅师语。见《五灯会元》卷第十二。
④ 杨歧方会禅师语。见《五灯会元》卷第十九。
⑤ 见《舒州法华山举和尚语要》，另见《古尊宿语录》卷二十六。
⑥ 五祖法演禅师语。见《五灯会元》卷第十九。

它的回答总是很简单扼要。在禅里头不会拐弯抹角讲话；禅师的话总是直接说出来，没有片刻耽搁。我们稍不留意，就无法捕捉到它。“眨上眉毛，早已蹉过也。”他们把禅比作闪电，良有以也。然而迅疾并不就是禅；任运自然、不假施设、直指生命本身，以及创造性——这些才是禅的本质。因此，如果我们要把握禅的精髓，就得小心，不要陶醉于外在表象。只凭着前面关于“如何是佛”的回答，以文字和逻辑去认识禅，是何等困蹇而又容易迷路。当然，它们既是答案，就是指月的手，让我们可以探究佛在何处；但是我们要记得指月的手始终只是手指而已，它无论如何是不会变成月亮本身的。当知性潜入且把手指当作月亮，总是暗藏着危险。

然而还是有些哲学家，以文字和逻辑的意义去把握那些回答，而试着在其中探索某种泛神论。于是，当禅师说“麻三斤”或“干屎橛”时，他们就其字面意义认为那是在宣说一种泛神论的理念。也就是说，那些禅师认为佛在一切当中开显自身：在麻布里，在一块木头里，在流水里，在高山里，或是在艺术作品里。大乘佛教，尤其是禅宗，似乎都暗示着泛神论的精神，但是禅其实和泛神论一点都沾不上边。禅师们一开始就预见了这种危险的倾向，此即为什么他们说了这些看似不通的话。他们是想要让弟子或学者们不受任何成见、偏见或所谓逻辑诠释的束缚。当洞山（云门禅师法嗣）以“麻三斤”回答“如何是佛”的问题时（那就像是在问“上帝是什么”一样），他并不是说他手里的麻布是佛的应化显现，也不是说佛可以在任何东西里以知见觅得。他只是回答说：“麻三斤。”在这平凡的事实述句里，并没有什么形而上学的内涵。就像涌出的泉水或在太阳底下盛开的花朵一样，这几个字从他的内在意识里蹦了出来。那里头没有任何预谋或哲学。因此，如果我们要把握“麻三斤”的意义，首先得深入洞山的内在意识，而不是抓着他的话尾巴。下一次他可能会给个完全不一样的答案，而和已经给予的回答相冲突。逻辑学家当然会不知如何是好，他们或许会说他根本是疯了。但是禅门弟子会说：“水上青青绿，元来是浮萍。”[①]而他们知道他们的回答和洞山的“麻三斤”完全契合。

以下的例子或许可以明白为什么禅不是泛神论的一种形式，如果我们所谓的泛神论是指一种哲学，主张可见的世界即最高实在，无论那是上帝或理念，并且认为上帝不能独立于其开显而存在。其实，禅不仅止于此。禅不会浪费时间在哲学讨论上面。但是哲学也是一种生命活动的开显，因此，禅并不一定要呵斥它。如果有个哲学家想要明心见性，禅师绝对不会拒绝他的谒见。早期的禅师对所谓的哲学家比较宽容，而不像临济义玄禅师或德山宣鉴禅师那么不耐烦，他们对待哲学家们的方式总是机锋相对、峻峭辛辣。以下引一段大珠慧海禅师[②]所著的《顿悟入道要门论》，它是 8、9 世纪的禅学论丛，其时禅宗正要开始兴盛起来：

僧问：“言语是心否？”

---

① 见《黄梅东山演和尚语录》，另见《古尊宿语录》卷二十二。

② 大珠慧海禅师，马祖禅师法嗣，著有《顿悟入道要门论》。

师曰："言语是缘，不是心。"

曰："离缘何者是心？"

师曰："离言语无心。"

曰："离言语既无心，若为是心？"

师曰："心无形相，非离言语，非不离言语，心常湛然，应用自在。祖师云：'若了心非心，始解心心法。'"

大珠继续写道：

唤作法性，亦名法身。马鸣祖师云：所言法者，谓众生心。若心生，故一切法生；若心无生，法无从生，亦无名字。迷人不知法身无象，应物现形，遂唤青青翠竹总是法身，郁郁黄花无非般若。黄花若是般若，般若即同无情；翠竹若是法身，法身即同草木；如人吃笋，应总吃法身也；如此之言，宁堪齿录？

禅要我们拥有实证的生活体验

如果只读过前面关于"不合逻辑的禅"以及"禅是更高的肯定"的讨论，许多人或许会说禅太过深思高举，远离我们的日常生活，或许很迷人，却非常难以捉摸。我们不能责怪他们这么想。因此，我们也要从禅的平易近人的面向去阐述它。生活是一切事物的基础，没有了它，就没有立足点。尽管我们有种种哲学或是高远的理念，我们还是不能逃避当下的生活。就算是天文学家，也是在坚实的土地上行走。

那么，什么是人人都懂得的禅呢？

赵州禅师有一次问一个新进的僧人：

> “曾到此间么？”曰：“曾到。”师曰：“吃茶去。”又问僧。僧曰：“不曾到。”师曰：“吃茶去。”后院主问曰：“为甚么曾到也云吃茶去，不曾到也云吃茶去？”师召院主，主应喏，师曰：“吃茶去。”[①]

赵州是唐朝机峰锐利的禅师之一，对于禅宗在中国的开展贡献很大。据说他八十尚自行脚[②]，以圆证无生法忍。他于一百二十岁圆寂。有人说：“禅师垂示，如五色珠，”[③]或谓：“赵州禅只在口唇边。”[④]有初参僧人问赵州：

> “学人乍入丛林，乞师指示。”师曰：“吃粥了也未？”曰：“吃粥了也。”师曰：“洗钵盂去。”其僧忽然省悟。[⑤]

有一天，赵州在扫地，一个僧人问道：

> “和尚是大善知识，为甚么扫地？”师曰：“尘从外来。”

---

① 见《五灯会元》卷第四。

② 见《智门祚禅师语录》，另见《赵州禅师语录·赵州真际禅师行状》。

③ 同上。

④ 见《续灯存稿》卷八。

⑤ 见《五灯会元》卷第四。

曰："既是清净伽蓝，为甚么有尘？"师曰："又一点也。"[1]

赵州的观音院有一座桥远近驰名，一个僧人来谒，问道：

"久向赵州石桥，到来只见掠彴（zhuó）。"师云："汝只见掠彴，不见赵州桥。"僧云："如何是赵州桥？"师云："过来过来。"又有僧同前问，师亦如前答。僧云："如何是赵州桥？"师云："度驴度马。"僧云："如何是掠彴？"师云："个个度人。"[2]

我们在这些对话里只看到关于日常生活和自然的絮语吗？里头没有灵性的、有益于开悟的东西吗？如此说来，禅岂不是太枯燥乏味，太单调平凡了呢？从高耸入云的超验主义突然掉落到日常生活来，会不会太突兀了点儿？呃，那要看你怎么想了。我桌上点着一炷香，这是小事吗？大地震造成富士山坍方，这是大事吗？就我们的空间概念而言，的确如此。但是我们真正活在一个唤作"空间"的圈地里吗？禅会立即回答说："一炷香爇（ruò，点燃）三界爇，赵州茶碗天女舞。"只要我们一直意识到时空，禅就会对你敬而远之。你的假期被虚掷，你的睡眠有障碍，你整个生活是个失败。

我们看看沩山灵佑禅师和仰山慧寂禅师的对话（仰山在夏

① 见《五灯会元》卷第四。
② 见《传灯录》卷十。"掠彴"：独木桥。

末向沩山问讯）：

> 沩曰："子一夏不见上来，在下面作何所务？"师（仰山）曰："某甲在下面，锄得一片畬（shē，田地），下得一箩种。"沩曰："子今夏不虚过。"[①]

孟子说："道在迩而求诸远。"禅亦复如是。我们总是向万里无寸草处寻去，也就是抽象言诠和形而上学的诡辩，然而禅的真理其实就在我们每天的着衣吃饭里头。龙潭崇信禅师随天皇禅师出家，有一天他问天皇：

> "某自到来，不蒙指示心要。"皇曰："自汝到来，吾未尝不指汝心要。"师（龙潭）曰："何处指示？"皇曰："汝擎茶来，吾为汝接；汝行食来，吾为汝受；汝和南时，吾便低首。何处不指示心要？"[②]

这就是禅吗？这就是禅要我们拥有的生活体验吗？有一句禅诗[③]说：

> 神通并妙用，运水及搬柴。

① 见《五灯会元》卷第九。
② 见《五灯会元》卷第七。
③ 庞蕴居士语。见《舒州龙门佛眼和尚语录》。"日用事无别，唯吾自偶谐；头头非取舍，处处勿张乖。朱紫谁为号，丘山绝点埃；神通并妙用，运水及搬柴。"

当人们说禅不合逻辑且非理性的时候，胆小的读者便望之却步，或许会把它束之高阁，但是我相信这一章探讨实证的禅，应该可以缓和关于禅的知性探究给人们的严峻和笨拙的印象。禅的真理其实在于修，而和非理性无关，因此我们不必太在意它的非理性面向。那只会让一般人更难以理解禅，但是为了说明禅是直截了当且老实商量的，同时也要强调它的实证面向，我要再举若干汲取自非常素朴的生活经验的“公案”。的确，它们很素朴，因为它们既没有概念证明，也没有知性分析。你看到禅师举拄杖，或是要你取一件家具来，甚或只是唤你的名字。这些都是生活里最平凡的事，也不会引起注意，然而禅就在其中，也就是那个你认为非理性的或者是玄之又玄的禅。以下就是几个例子，简单、直接且平凡，其中却有着无尽意：

石巩会藏禅师[①]有一次问西堂[②]：

> “汝还解捉得虚空么？”堂曰：“捉得。”师（石巩）曰：“作么生捉？”堂以手撮虚空。师曰：“汝不解捉。”堂却问：“师兄作么生捉？”师把西堂鼻孔拽，堂作忍痛声曰：“太煞！拽人鼻孔，直欲脱去。”师曰：“直须恁么捉虚空始得。”[③]

有一僧问盐官齐安国师（马祖道一禅师的另一个弟子）说：

---

① 马祖禅师弟子。他皈依前为猎户。关于他和马祖的对话，见拙著《铃木大拙禅论集之三》。

② 西堂：“指曾于其他寺院任住持，而今客居于本寺者。又称西庵。”（《佛光大辞典》）

③ 见《五灯会元》卷第三。

> "如何是本身卢舍那？"师曰："与老僧过净瓶来。"僧将净瓶至，师曰："却安旧处着。"僧送至本处，复来诘问。师曰："古佛过去久矣。"①

对此，佛眼和尚评道："自是古佛过去久矣。"②

如果说这些轶事还没有完全摆脱知见障碍，那么不妨看看南阳慧忠国师以下的公案，有一天慧忠国师三次唤侍者，侍者都应诺，禅师说："将谓吾孤负汝，却是汝孤负吾。"③ 这还不够简单吗？只是唤他的名字？从一般的逻辑观点去看，慧忠国师最后的评语或许不是很容易懂，但是叫唤和应诺却是生活里最普通且平凡的事。禅说道就在其中，因此我们可以明白禅是如何平凡的东西。里头没有任何奥秘，所有人都可以看到事实：我叫唤你，你应诺；一个人说"哈啰"，另一个人说"哈啰"，如此而已。

寿州良遂禅师初参麻谷宝彻禅师：

> 谷见来，便将锄头去锄草。师到锄草处，谷殊不顾，便归方丈，闭却门。师次日复去，谷又闭门。师乃敲门，谷问："阿谁。"师曰："良遂。"才称名，忽然契悟曰："和尚莫谩良遂，良遂若不来礼拜和尚，洎被经论赚过一生。"谷便开门相见。及归讲肆，谓众曰："诸人知处，良遂总知。良遂知处，诸人

---

① 同前面。"卢舍那"：报身佛。

② 见《舒州龙门佛眼和尚语录》，另见《古尊宿语录》卷第二十八。

③ 见《五灯会元》卷第二。

不知。”①

良遂光是领悟到师父叫唤他的个中含义，就能够说出这番话来，这不是很奇妙吗？

禅的真理和力量就在于它的单纯、直接和平凡

上面这些例子是否让我们探讨的主题比较清楚易懂了呢？如此的例子不可胜数，但是以上所引就足以证明禅毕竟不是一种很复杂的东西，或是一种需要高度抽象或思辨能力的研究。禅的真理和力量就在于它的单纯、直接和平凡。“早安，你好吗？”“谢谢，我很好。”禅就在这里头。“吃茶去”也充满了禅意。一个僧人在田里工作，饥肠辘辘，听到药石的云板响起，便赶紧放下工作到斋堂去。师父看到他，由衷地开怀大笑，因为那僧人正充分地实践禅。②没有比这个更自然的了，我们唯一要做的，就是睁开眼睛去谛观万物的蕴义。

但是这里有个危险的陷阱是习禅者必须特别注意的。禅不可以和自然主义或是放荡不羁混为一谈，那意味着放任一个人的本性习气，而不去质疑其起源和价值。人的行为和动物的行为有很大的不同，后者缺少道德直观和宗教意识。动物不知道

---

① 见《云门匡真禅师广录》卷中。

② 指百丈怀海禅师。见《五灯会元》卷第三。“普请镢地次，忽有一僧闻鼓鸣，举起镢头，大笑便归。师曰：‘俊哉，此是观音入理之门。’师归院，乃唤其僧问：‘适来见甚么道理，便恁么？’曰：‘适来肚饥，闻鼓声，归吃饭。’师乃笑。”

要努力改善它们的处境或是追求更高的德行。石巩慧藏禅师有一天在厨房里干活，马祖道一禅师问他说：

“作甚么？”曰：“牧牛。”祖曰：“作么生牧？”曰：“一回入草去，蓦鼻拽将回。”祖曰：“子真牧牛。”[①]

这不是自然主义，要把事情做好，是得下功夫的。

源律师有一次问大珠慧海禅师：

“和尚修道，还用功否？”师曰：“用功。”曰：“如何用功？”师曰：“饥来吃饭，困来即眠。”曰：“一切人总如是，同师用功否。”师曰：“不同。”曰：“何故不同？”师曰：“他吃饭时不肯吃饭，百种须索；睡时不肯睡，千般计较，所以不同也。”[②]

即使要把禅称为某种自然主义的形式，它也是有严格的修行支撑的。禅所谓的自然主义，是在这个意义下说的，而不是放浪形骸。放荡不羁者没有意志自由，他们被外境系缚，载浮载沉，身不由己。相反，禅享有完全的自由，也就是说，它是自己的主人。以大乘般若经部喜欢用的话来说，禅“无所住”。当事物有所住，它就被缠缚了，再也不是绝对的。以下的对话

---

① 见《五灯会元》卷第三。

② 见《五灯会元》卷第三。

可以解释这一点：

问：心住何处即住？

答：住无住处即住。

问：云何是无住处？

答：不住一切处，即是住无住处。

问：云何是不住一切处？

答：不住一切处者，不住善恶有无内外中间，不住空亦不住不空，不住定亦不住不定，即是不住一切处；只个不住一切处，即是住处也；得如是者，即名无住心也，无住心者是佛心。①

雪峰义存禅师在唐代以为道辛勤著称。他在多年行脚禅修当中随身带着勺子，意思是甘于丛林里最低下辛苦的工作，也就是伙夫，而勺子就是其记号。他继承德山衣钵成为住持以后，有一个僧人问道：

“和尚见德山，得个甚么，便休去？”师曰：“我空手去，空手归。”②

这岂不是对于“无所住”最平凡的解释吗？众僧请百丈山涅槃和尚说法：

① 见《顿悟入道要门论》。

② 见《雪峰真觉禅师语录》卷上。

百丈谓众曰:“汝等与我开田,我与汝说大义。”众开田了,归请说大义。师乃展两手,众罔措。

这就是他伟大的说法。

第七章

开悟或得到新的观点

禅修的目的在于获致一个新的观点，以照见诸法实相。如果你一直习惯于根据二元论规则的逻辑思考，那么就抛掉它，如是或许你可以转向禅的观点。你和我应该都活在同一个世界里，但是谁知道在我窗外的石头对我们两人而言是不是一样的？你和我一起喝一杯茶，我们的动作看起来很像，但是谁知道我们喝茶时的主观心境差别有多大？你喝茶或许没有禅，我喝茶却饶富禅味。其理由在于：你在逻辑的圈子里打转，而我已经抛却它。尽管在所谓禅的观点里其实没有什么新玩意，我们还是习惯以“新”去形容禅观照世界的方式，但是这个说法对禅而言却有点委屈。

禅的生命始于开悟

在禅里头得到新的观点，就是“悟”或“开悟”。没有“悟”就没有禅，因为禅的生命始于“开悟”。“悟”或许可以定义为直观的洞见，而对立于知性与逻辑的理解。无论如何定义它，“悟”意指着那囿于二元论的心智不曾见过的一个新世界的开展。首先我要请读者们看看以下的“问答”，或许可以实际证明我的说法：

一个年轻僧人问赵州禅师：

> “学人乍入丛林，乞师指示。”师曰：“吃粥了也未？”曰：“吃粥了也。”师曰：“洗钵盂去。”其僧忽然省悟。①

后来云门禅师评论说：“且道有指示，无指示？若道有指示，向他道什么？若道无指示，者僧何得悟去？”② 其后又有翠岩禅师反驳云门说：“云门不识好恶，恁么说话，大似为蛇画足，与黄门栽须。翠岩则不然。这僧与么悟去，入地狱如箭射。”③

这到底是什么意思？赵州的“洗钵盂去”，僧人省悟，云门的非此即彼，以及翠岩的自信满满，他们是在机锋相对或是庸人自扰？在我心里，他们都指出一条路，那僧人或许有很多条路走，但是他的省悟不会是徒然的。

德山禅师常讲《金刚经》，是当时著名的学者。听说南方不立文字、直指人心的禅风颇盛，于是往诣龙潭禅师闻法。有一天，德山禅师侍立，龙潭问：

---

① 见《五灯会元》卷第四。

② 见《云门匡真禅师广录》卷中，另见《古尊宿语录》卷十六。

③ 见《云峰悦禅师初住翠岩语录》，另见《古尊宿语录》卷四十一。

"更深何不下去？"师珍重便出。却回曰："外面黑。"潭点纸烛度与师。师拟接，潭复吹灭。师于此大悟，便礼拜。

百丈怀海禅师有一天随侍马祖禅师散步，见一群野鸭飞过。祖曰："是甚么？"师（百丈）曰："野鸭子。"祖曰："甚处去也？"师曰："飞过去也。"祖遂把师鼻扭。负痛失声。祖曰："又道飞过去也。"师于言下有省。①

洗钵盂、吹灭烛和拽鼻子，这其中有什么关联吗？我们必须学云门的语气说：如果没有关联，为什么他们都有所省悟呢？如果有的话，其内在关系是什么？他们又悟得什么？那个新的观点是什么？

大慧禅师（径山宗杲禅师）门下有一位禅师，叫作开善道谦。他习禅多年而无所省发。有一次被派到长沙去办事，他很不想去，因为此去要半年多，岂不是荒废了修行？他的友人宗元禅师很同情他，便鼓励他说：

"不可。在路便参禅不得也去，吾与汝俱往。"师（道谦）不得已而行。在路泣语元曰："我一生参禅，殊无得力处。今又途路奔波，如何得相应去？"元告之曰："你但将诸方参得底，悟得底，圆悟妙喜（道谦本师）为你说得底，都不要理会。途中可替底事，我尽替你。只有五件事替你不得，你须自家支当。"师曰："五件者何事？愿闻其要。"元曰："着衣吃饭，

① 见《五灯会元》卷第三。

> 屙屎放尿，驮个死尸路上行。”师于言下领旨，不觉手舞足蹈。元曰：“你此回方可通书，宜前进，吾先归矣。”元即回径山。师半载方返。妙喜一见而喜曰：“建州子，你这回别也。”①

我们要问，当道谦的好朋友宗元给他如此平凡无奇的劝告时，他顿悟了什么？

香严智闲禅师是百丈禅师的弟子，百丈圆寂后，香严参学于沩山禅师（沩山是百丈的典座弟子），有一天沩山问他：

> “我闻汝在百丈先师处，问一答十，问十答百。此是汝聪明伶俐，意解识想，生死根本。父母未生时，试道一句看。”师被一问，直得茫然。归寮将平日看过底文字从头要寻一句酬对，竟不能得，乃自叹曰：“画饼不可充饥。”屡乞沩山说破，山曰：“我若说似汝，汝以后骂我去。我说底是我底，终不干汝事。”师遂将平昔所看文字烧却，曰：“此生不学佛法也，且作个长行粥饭僧，免役心神。”乃泣辞沩山，直过南阳睹忠国师遗迹，遂憩止焉。
>
> 一日，芟除草木，偶抛瓦砾，击竹作声，忽然省悟。遽归沐浴焚香，遥礼沩山，赞曰：“和尚大慈，恩逾父母。当时若为我说破，何有今日之事？”②

---

① 见《五灯会元》卷第二十。

② 见《五灯会元》卷第九。

必须自己省悟诸法实相

禅不能够这样解释吗？师父不能透过解释去让弟子们开悟吗？悟境是无法以知性去分析的东西吗？是的，那是一种无法以任何解释或论证传达给他人的经验，除非其他人也有那样的经验。如果“悟”可以经由分析而让未开悟者完全明白，那么它就不是“悟”了。如果“悟”翻转成概念，那么就不再是它自己，也就不会有禅的经验。因此，禅的开示只能透过指示、暗示或指出道路，让习禅者找到他们的归趣。若要省悟诸法实相，就必须自己去体验，而不假他人之手。至于指示，则俯拾皆是。如果开悟的时节到了，则触处皆真，习禅者到哪里都会开悟的。一个非语言的声音、一段难以理解的话、一朵盛开的花或是一段小插曲，例如跌一跤，都会是豁然省悟的契机。从表面上看，一个很不起眼的事件却有如此重大的影响，这似乎很不成比例。一点点小火花引起的大爆炸，可能造成天摇地动。而省悟的所有动因和条件都在心里，只待时节到来。当心灵准备好了，鸟飞、钟响，你会立即回到原来的家，也就是说，你会发现当下真正的自我。自始一切皆即洞然明白，纤尘无翳，只是你把眼睛遮起来，而看不到实相。因此，在禅里头不需要解释什么，也没什么可以教的，那些只会徒增知见。除非是自己的省悟，否则都不是真正属于你的认识，而只是借来的羽翼。

宋朝诗人黄山谷曾皈依晦堂禅师，“乞指径捷处”：

> 堂曰：“祇如仲尼道：‘二三子以我为隐乎？吾无隐乎尔者。’

太史居常如何理论？”公拟对。堂曰：“不是，不是。”公迷闷不已。一日侍堂山行次，时岩桂盛放，堂曰：“闻木樨华香么？”公曰：“闻。”堂曰：“吾无隐乎尔。”公释然，即拜之。[①]

悟的终极目标是明心见性

以上的例子足以说明“悟”是什么以及它如何开展自己。然而读者或许会问：“细读了你的所有解释或指示，我们似乎更迷惑了。你可以明确描绘什么是悟境吗？你的例子和对话够多了，但是我们只是知道风怎么吹，哪里是船只的避风港呢？”对此，习禅者或许会回答说：“在悟或禅里头，没有任何东西可以用知见去描述、言诠或证明。”因为禅和观念没有半点交涉，而悟则是一种内在知觉——是的，它不是对于某个个别对象的知觉，而是对于法界实相本身的知觉。悟的终极目标是明心见性。除了回到自己心里，别无其他道路。于是赵州说：“吃茶去。”于是南泉说：“我这镰子用得快。”[②] 这就是自性的发用，而如果自性是可以把握到的，则要在它的发用当中去觅得。

“悟”直指存在的根源，因此省悟通常也被认为是一个人生命里的转折点。但是开悟必须是一念顿歇，彻了自心。如果“悟”是得少为足，那么还不如不悟。我们看看以下的例子：

---

① 见《五灯会元》卷第十七。

② 见《禅林类聚》卷十七。另见《五灯会元》卷第三。“僧问：‘南泉路向甚么处去？’师拈起镰子曰：‘我这茆镰子，三十钱买得。’曰：‘不问茆镰子，南泉路向甚么处去？’师曰：‘我使得正快。’”

临济义玄禅师向黄檗希运禅师三度问佛法大意，三度被打，非常沮丧，自怨自艾，但是他省悟了以后，却脱胎换骨，乃曰："原来黄檗佛法无多子。"① 他回到老婆心切的黄檗那里，回了他一巴掌。我们或许会想："真是傲慢鲁莽啊！"但是临济的粗鲁是有理由的，也无怪乎黄檗挨了一巴掌还很高兴。

德山宣鉴禅师大悟以后，把他视为珍宝而随身携带的《金刚经》疏钞堆到法堂前，一把火给烧掉。他说："穷诸玄辩，若一毫置于太虚；竭世枢机，似一滴投于巨壑。"②

前面提到马祖和百丈看到一群野鸭子飞过，百丈却被马祖扭鼻子，第二天：

> 马祖升堂，众纔集，师出卷却席，祖便下座，师随至方丈。祖曰："我适来未曾说话，汝为甚便卷却席？"师曰："昨日被和尚扭得鼻头痛。"祖曰："汝昨日向甚处留心？"师曰："鼻头今日又不痛也。"祖曰："汝深明昨日事。"师作礼而退。③

这些例子足以说明开悟在一个人的心灵里产生了什么变化。比丘们在省悟前显得多么的无助啊！他们就像迷失在沙漠里的旅人。但是在大悟以后，他们却又像是专制的君王，他们不再是任何人的奴仆，他们是自己的主人。

在上述的评论以后，我们说明一下所谓"悟"的心眼开启的几

① 见《传灯录》卷第十二。
② 见《五灯会元》卷第七。
③ 见《五灯会元》卷第三。"卷却席"：一般意味着上堂开示结束。

个要点：

（1）人们经常想象禅修即是经由沉思产生一种自我暗示的状态。从上述的各种例子可以证明这根本是个误解。开悟并不在于经由密集的观想而创造出某个预先假想的状态。它是得到一个省察事物的新观点。自从意识开展以来，我们习惯以某种概念和分析的方式去响应内在和外在状态。习禅则是要一举打破这个基础，在全新的地基上重建原来的架构。因此，习禅显然不是要去默观形而上学或象征性的句子（它们也是相关的意识的产物）。

（2）如果没有先开悟，是不可能观照禅的真理的。"悟"是突然意识到一个梦想不到的全新真理。它是在积累了许多知见以后的心智的剧变。这个积习已经到了稳定性的极限，整个体系崩塌掉，一片新天地却因此展现在眼前。水到了冰点顿时结成了冰，液体突然变成了固体，再也无法自由流动。正当一个人觉得他的整个存在已经山穷水复的时候，"悟"冷不防地袭向他。在信仰上，它是个新生命；在知性上，那则是得到一个新的观点。原本世界笼罩着难看的二元论，以佛教的术语讲，就是幻相，而今它却仿佛换上了新装。

（3）"悟"是禅的存在理由，没有了它，禅就不是禅了。因此，所有的功夫，无论是事上或理上，都是以开悟为目标。禅师没有耐心等待"悟"自己随兴而至。他们急切地帮助弟子们悟道，于是以看似无法理解的动作，为弟子们创造一个心境，可以更有系统地走上开悟之路。至今大部分宗教和哲学的导师用过的知性阐述和教诲，都无法产生他们所要的效果，而他们的弟子也更加往而不返。当佛教初传中国之时尤其是如此，印度抽象的形而上学传统，以及复杂的唯识学体系，让务实的中国人不知道该怎么去把握佛陀的教法大意。菩提达摩、六祖、百丈和其他古德，都注意到这个事实，于是很自然有了禅学的主张和开展。他们认为开悟比读经看教、依经解义重要，甚至认为"悟"即是禅。因此，禅而没有"悟"，就像没有辣味的胡椒。但是太过执着于开悟经验，也是禅师们要呵斥的。

(4) 禅对于"悟"的重视，更能突显"禅"不同于印度或中国其他诸宗里的"禅那"体系，所谓的"禅那"，是指对于某个思想的静虑或观想，在小乘佛教里，主要是观想"无常"，在大乘则是观"空"。当身心安顿而泯然无寄，体认到绝对的空寂，一念不生，亦无无心之念。换言之，当意识领域里涤荡一切心理活动形式，心如万里无云的虚空，一片蔚蓝，这就是究竟的"禅那"境界。我们或许可以说那是出神或狂喜，但绝不是禅。在禅里头，必须有"悟"，必须有心灵的剧变，摧破知见的习气，为新生命奠定基础，必须有新的感官的觉醒，以梦想不到的新的观察角度去省察原来的事物。在"禅那"里则没有这些东西，因为那只是心的静虑法门。"禅那"本身当然有其价值，但是不能被等同于禅。

(5) "悟"并不会像某些基督教神秘主义者所主张的见到上帝本身。禅自始即明白坚持其主题，亦即洞察受造世界的全体大用。他们或许会看到造物者忙着捏塑它的宇宙，或者是离开它的工厂，但是禅会继续它自己的工作。它并不依赖造物者的支撑，当它找到生活的理由时，就已经心满意足了。五祖法演禅师曾经举起手问弟子们为什么把它唤作手。[①] 如果我们知道理由，我们就省悟了，而那也就是禅。神秘主义者的上帝仍然是有迹可寻的东西；当你有了上帝，那就排除了一切"不是上帝"的东西。这是自我设限。禅要绝对的自由，甚至要摆脱上帝的羁绊。"无所住"是这个意思，"说个佛字三日漱口"也是这个意思。禅并不想要呵佛骂祖，而是它体会到名字言诠的不足。药山惟俨禅师上堂说法，不发一语便下座回到方丈里去。[②] 百丈禅师"行数步，退身而立，展开两手"[③]，则是他对于同一个原理的解说方式。

(6)"悟"既不是什么槁木死灰的心态，也不是病态心理学的研究主题。说起来，它其实是很正常的心理状态。当我说到心灵的剧变，或许有人会认为禅是一般人唯恐避之不及的东西。这是天大的误会，却也很不幸地是大部分有偏见的评论者会主张的理由。正如赵州说的"平常心是道"，门是向里开或是向外开，端看门的铰链怎么调整。即使是一眨眼，一切都会变得很不同，你会悟道，既完美又正常。不仅如此，你也会得到全新的东西。你的心识活动会以全然不同的基调去运作，更自在、更安详，比以前经验到的一切东西都更加法喜充满。生命的调性会改变。在悟得禅的时候，你会有恢复生命力的感觉。春天

① 见《禅宗颂古联珠通集》卷第三十九。"五祖演展手问僧曰：'因何唤作手？'颂曰：'何故唤作手，衲僧难开口。拟议自颟顸，可怜太蒙斗。'(佛眼远)"

② 见《五灯会元》卷第五。"师久不升堂。院主白曰：'大众久思和尚示诲。'师曰：'打钟着。'众才集，师便下座，归方丈。院主随后问曰：'和尚既许为大众说话，为甚么一言不措？'师曰：'经有经师，论有论师，争怪得老僧？'"

③ 《白云端和尚语录》卷二。

的花看起来更美丽，山泉也更清冽晶莹。依主体的革命而转的心境，我们不能说它是“病态”。如果说生命能够更加喜乐，而且涵摄整个宇宙，那么在“悟”里头一定有什么很宝贵而值得追寻的东西。

第八章

公案

禅

禅是东方文化很独特的产物，就其实修层面而言，它的独特性在于其有体系的修心工夫，在起疑情的时候，可以做好开悟的准备。禅可以说是一种神秘主义的形式，但是无论在体系、修行或究竟成就上面，都迥异于其他形式的神秘主义。我所指的修行，主要是就“参公案”和“坐禅”而言。

禅的修行主要是参公案和坐禅

“坐禅”，梵语谓“禅那”，意思是于闲静处，结跏趺坐，系心观想。这个法门源自印度，传遍整个东方世界。数百年来都是如此，现代习禅者仍然信守奉行它。就此而论，坐禅是东方世界最盛行的灵修方法，但如果说是和公案一起使用的话，则非禅学莫属。

本章并不想解释“坐禅”或“禅那”是什么，而是要探讨“公案”，它是现在东亚最基本的禅学特质。“禅那”原本在佛教里是“三学”之一：戒、定、慧。正信的佛教徒应该信守佛陀留下来的道德戒律，娴熟调伏其心的各种方法，并且增长智慧[①]，穷究佛教的形而上学，以认识逻辑的种种复杂关系。如果一个人无法具足这些条件，就不能说是好的佛陀弟子。但是随着佛教的开枝散叶，有些佛教徒会强调“三学”里的某一个面向。有些人着重道德面向，有些人在禅定上面下功夫，有些人则是深入经藏。禅门弟子或许会被认为是修习禅那者，但是在禅学里，禅那已经不再是它原来的意思了。因为在这种印度特有的灵修形式里，禅已经有了自己的目标。根据天台宗智者大师《释禅波罗蜜次第法门》所引的《释摩诃衍论》，修习禅那（禅波罗蜜）的大意是要发菩提心，也就是每个佛教徒都要重视的四弘誓愿[②]：

禅为利智藏，功德之福田。
禅如清净水，能洗诸欲尘。
禅为金刚铠，能遮烦恼箭。
虽未得无为，涅槃分已得。
得金刚三昧，摧碎结使山。
得六神通力，能度无量人。
嚣尘蔽天日，大雨能淹之。

① “慧”是我们灵魂生命里最高的直观力量，当然绝不只是知见而已。另见拙著《铃木大拙禅论集之三》。
② 四弘誓愿：众生无边誓愿度，烦恼无尽誓愿断，法门无量誓愿学，无上佛道誓愿成。

觉观风动之，禅定能灭之。[①]

禅那（Dhyana）的字根是“dhi”，意为“觉知”“思惟”“心住于一处”，不过“dhi”在字源上又和“dha”有关，意为“持”“守”“受持”。因此，禅那意为寂静审虑，摄心不乱，系心于一个念头。因此，在习禅或修禅那时，要息诸外缘，身心安顿，舍却种种根尘烦恼。例如，饮食必须调节得宜，也不能贪睡，让身体保持轻松舒适的姿势，正身端坐；其次，要调息，我们知道印度人尤擅此道。而闲居静处以修习禅那，也是很重要的考虑，应尽量避免市集、工厂和办公地区。关于调身和调心，还有许多规定和建议，详见智者大师的《释禅波罗蜜次第法门》[②]。

正如以上关于“禅那”的简述，禅门弟子坐禅的目的和一般佛教徒有所不同。在禅里头，禅那或坐禅是用来参公案的手段。禅不以禅那为究竟目的，因为除了公案以外，坐禅只是次要的考虑。然而对禅师而言，它无疑是必要的资粮，如果习禅者的坐禅功夫不彻底，那么即使他明白了公案，也无法悟道。公案和坐禅是禅的两个不可偏废的功夫，前者是禅的眼睛，后者是禅的脚。

以坐禅为参公案和开悟的工具

在中国早期佛教里，精进的佛教徒们最早注意到的是各种哲

---

① 《释禅波罗蜜次第法门》卷第一。

② 关于日本的坐禅，见拙著《铃木大拙禅论集之二》。

学讨论，而诸如《华严经》《法华经》《般若经》和《涅槃经》等经部，也都很早就有了汉译本。佛经里深邃的形而上学思想吸引了中国学者，远胜于经里的其他东西，或许主要是受到不世出的鸠摩罗什的影响，中国佛教徒皆热衷于看经说教，其次才是佛教的伦理学研究。当禅宗初祖菩提达摩于公元 6 世纪到达中国时，他甚至被怀疑是异端。佛教学者既不了解他，也不喜欢他。甚至当六祖惠能以默默无闻的岭南獦獠传承禅宗衣钵时，其他禅人并不很注意他。根据中国早期佛教的传记作品，以及当时关于禅那的汉译佛典，我们知道彼时的禅那或坐禅主要是根据小乘的传统，直到惠能下两代，我们现在所认识到的禅宗才真正诞生，并且迅速开展，使中国其他诸宗相形见绌。现在中国的佛教寺院莫不属于禅宗，而大部分是临济宗[①]。禅宗的压倒性胜利，部分的原因就在于以坐禅作为参公案和开悟的工具。

公案原指官府的判例、公府的案牍，唐代以后开始流行。现在则是指古德的逸闻，或是师父和弟子们的对话，或是师父上堂开示或提问，它们都是用来明心见性的。当然，起初并没有我们现在看到的公案，那是后来谆谆教诲的禅师们用来评唱拈弄的工具，以烛照情识昏暗的弟子们。

即使放任自然，心灵也会自己成长，但是人们不能这么枯坐等候，而总要多管闲事。他们没有耐心，只要有机会插手，他们一定会干预。这个干预有时候很有帮助，有时候则适得其

① 现在的中国佛教都是禅净双修，尽管大部分的寺院都宣称是属于禅宗，他们同时诵读《阿弥陀经》和《般若心经》。

反。若是利多于弊，我们会欢迎人为的干预，称之为增长或进步；但是如果不是这样，我们会说那是退步。文明是人为造作的，有些人不满意，会想要回归自然。呃，所谓现代的进步，绝非是全然幸福的，但是就整体而言，至少在物质生活方面，我们似乎过得比以前好，也看到有改善的空间。因此，我们的抱怨一般来说不会很激烈。

同样的，在纯粹、自然且简单的禅里头加入“公案”的体系，既是退堕也是增长。但是公案既然存在了，就很难舍却。当然，禅师难免会认为他的弟子们根器不如他锐利，也比较不容易悟道。他很想告诉他们自己在悟道时的妙乐。慈母般的禅师亟思令禅众开廓本有，透脱牢关，务使他们看到悟境的未知美丽，那是流浪生死无明的弟子们几乎不能体会的。禅师们知道公案也是人为造作，画蛇添足，因为除非一个人澈见自心，否则禅的真理既无法洞然分明，也不会有创造性的生命力。但是如果说究竟真实难以觅得，那么拟似也无妨，如果任由弟子们手忙脚乱无讨头处，那么它恐怕永远无法被领会到。拟似并不一定只是权宜之计而已，里头也有它的道理，而且充满了各种可能性。因为如果合宜使用公案和坐禅的体系，的确是可以让人悟道见性的。那么我们为什么不好好利用它呢？

起初，禅师们有点像是自己在摸索，他们没有什么柔性的教育，不曾到大学里研究学问，但是他们心里决心勘破人生大事因缘，于是孜孜矻矻地接近一切善知识。他们向上一路，踽踽独行。当然，他们有师父，但是他们的师父不像现在学校里的老师那样处处提携，甚至有些揠苗助长。古代的禅师缺少谆谆教诲，却也让他们更坚韧雄劲。此即为什么唐代早期禅宗鼎盛，机器不凡。到了宋代，公案开始流行，禅宗的黄金时代也差不多告终，逐渐显露出衰败之相。

初心用功的下手处

以下是后代弟子们流传的第一则公案。惠明（道明禅师）请六祖惠能为他说法，惠能说："不思善，不思恶，正与么时，哪个是明上座本来面目？"[①]（给我看"这个面目"，你就得见禅的奥秘。在亚伯拉罕出生前的你是谁？在你和这个家伙面对面交谈以后，你会更明白你是谁、上帝是谁，六祖要惠明和这个原初的人握手，用形而上学的话来说，那就是他的内在自我。）

六祖在问惠明时，惠明其实已经有了悟道的准备。问句只是个表相，它其实是用来打开闻法者心眼的肯定句。六祖看到惠明就快要省悟了，惠明在黑暗里辛苦摸索很久，而今他因缘具足，犹如瓜熟蒂落，只需要师父最后的提点。"本来面目"的诘问是最后必要的机下透脱，于此惠明顿时大悟。但是对功夫下得不够透彻的初学者如此诘问"本来面目"，则经常是要他们明白：他们以前视为理所当然或是在逻辑上不可能的东西，其实并不必然如此，他们以前的知见也于见性无益。了解了这一点以后，弟子们可以专注于这句话，穷究其中的道理。公案的目的，就是让弟子们认真去参究。弟子们必须以此态度抖擞精

---

① 见《六祖坛经》卷第一。

神，奋发勇猛，决定要勘它个水落石出，如转石万仞，直堕深崖。唯有破除生死心，才能够如六祖的话，澈照“本来面目”。如是我们可以看到，现在使用公案的方式和以前颇为不同。如前所说，惠明自心的功夫做得透彻，到了最后的关头。六祖的诘问不是作为参禅的开端，而是竞赛的终点。但是现在的公案却被视为第一道菜，也就是初心用功的下手处。尽管如此的下手处多少有点机械式，却为参禅观心赋予了一个基调。公案的作用就像杠杆一样。当各种因缘成熟时，心灵就会豁然省悟。于是，利用公案让心灵窥见自身的秘密，便成了现代禅学的一个特质。

白隐禅师曾经举一只手，要弟子们听听它的声音。通常是两只手拍击才会有声音，因此一只手是不会有声音的。但是白隐就是要颠覆以所谓科学或逻辑为基础的日常生活经验。如果要以禅的体验建立新的事物秩序，这个根本的颠覆是必要的。因此，白隐才会问弟子们这个看似不自然并因而不合逻辑的问题。第一个公案是关于“面目”，和观看有关，而第二个则是关于“声音”，和听觉有关，但是两者的意旨则无二致。它们都要开启心灵的密室，弟子们可以看到里头有无尽的宝藏。视觉或听觉和公案的本质意义无关，有一位禅师说，公案只是“敲门瓦子”“标月指”①。它只是要综合或超越（随你怎么说）感官的二元论。只要心识无法自由地知觉一只手发出的声音，它就是受限的、有分别的。心识不仅无法把握世界的奥秘，反而沉沦

① 佛果克勤禅师语。见《佛果圆悟真觉禅师心要》。“所以修多罗教如标月指，祖师言句是敲门瓦子。”

在事物的相对性以及它们的表象里。唯有舍却诸系缚，心识才可能喜悦地观照整个世界。一只手的声音其实盖天盖地，正如一个人的本来面目也看遍三千大千世界，甚至直到时间的终点。白隐和六祖携手站在同一个平台上。

我再举另一个例子。有僧人问赵州：

> “如何是祖师西来意？”师（赵州）曰：“庭前柏树子。”曰：“和尚莫将境示人。”师曰：“我不将境示人。”曰：“如何是祖师西来意？”师曰：“庭前柏树子。”[①]

初学者也拿它当作一则公案。

抽象而论，这些公案即使就常识的观点而言也不能说完全不合常理，如果我们要论究它们，或许仍然有足够的空间。例如说，有些人会认为白隐的一只手是在象征宇宙或无限者，而赵州的柏树子则是至道的具体开显，于其中或许可以看到佛教的泛神论倾向。但是以知见去理解公案，那就不是禅了，我们在这里看到的也不是形而上学的符号体系。禅无论如何都不能和哲学混为一谈；禅有自成一格的理由，我们不能忽略这个事实，否则禅的整个结构将会支离破碎。“柏树子”永远是柏树子，和泛神论或任何“主义”无关。即使是在最普泛或大众化的意义下，赵州都不是哲学家，他是彻头彻尾的禅师，而从他的两片唇说出来的，都直接源自他的内证经验。因此，如果没有这

① 见《五灯会元》卷第四。

个很像“主体主义”的东西（尽管在禅里头并没有主体和客体、思维和世界的二元对立），“柏树子”就完全失去其意义。如果它是知性或概念的述句，我们或许可以经由其中观念的推论程序去埋解其意义，或许也会以为我们终于解决了难题。但是禅师会告诉你，即使如此，禅仍在三千里外，而赵州的灵魂会在你终究无法揭开的帘子后面嘲笑你。公案是要在那逻辑分析无法企及的心灵深处去涵养的。当心识因缘具足而和赵州的境界莫逆于心，那么“柏树子”的意义便会自己开显，而你不需要更多的诘问，就已经了然于胸。

赵州圆寂以后，法眼禅师曾问赵州的弟子慧觉禅师（觉铁嘴）：“承闻赵州有‘庭前柏树子’话，是否？”慧觉说：“无。”但是那显然违反事实，因为每个人都知道赵州说过那句话，法眼禅师也知道。他的问题只是要看看赵州的弟子对于“庭前柏树子”的故事有什么看法，于是他又问：“往来皆谓僧问：‘如何是祖师西来意？’州曰：‘庭前柏树子。’上座何得言无？”慧觉说：“先师实无此语，和尚莫谤先师好。”此话真是蛮横无理。但是悟道的人都明白，这个断然的否认证明了慧觉完全理解他的师父的禅法。没有人会怀疑他是否悟道。但是从我们常识的观点，却无法以知性去解释他的断然否认如何和事实相符。因此，对于那些认为“庭前柏树子”的故事意味着大乘佛教有泛神论倾向的评论者，禅是完全不假辞色的。

于是，公案一般就是如此阻断通往理性化的一切可能道路。你在参禅时才说几句你的看法，就知道你已经捉襟见肘，如此逼拶（zā，逼迫）到山穷水尽之处，正是参禅的起点。无此经验就无法入道。到此万缘放下，一念不生，公案的目的就完成一半了。

以约定俗成的观点来说（我认为如此一般读者会比较容易理解禅是什么），在结构比较完整的意识阀域以外，有一些未知的心灵深处，把它们称为“潜意识”或“超意识”都不对。我们用“超越”一词，只是因为它方便说明其去向。但是在我们的意识里，其实并没有什么“超越”，也没有“下面”或“上面”。心识是一个看不见的整体，不能被撕裂。所谓的“未知领域”，只是禅对我们日常语言的让步，因为无论哪个已知的意识领域，都充斥着概念的暴力，舍弃它们，绝对是悟道的必要条件，于是，禅的心理学家有时候会指出我们心灵里某个难以接近的领域。尽管除了我们日常的意识以外，并没有这样的领域，我们还是会这么说，以方便去理解。当公案把通往究竟真理的一切障碍摧陷廓清以后，我们终究会知道并没什么“心灵秘境”，也没有什么总是显得幽冥昏默的禅的真理。

公案既不是谜语也不是什么诙谐的话。它有个极为确定的目标，也就是起疑情并且勘它个水落石出。以逻辑为基础的句子，可以根据其合理性去评断它，只要追溯观念的本源，任何怀疑或难题都可以迎刃而解。所有河流都会流入大海，但是公案是一堵铁墙，任何知见都无法穿越过去。当赵州说“庭前柏树子”或是白隐举一只手时，我们无法以任何逻辑的方法去解答它。你觉得你的思考理路突然被打断了。你感到犹豫、怀疑、困惑且恼怒，不知道如何突破那堵看似完全无法穿越的墙。如此到了极致，如临大壑，你的整个人格、内在意志、深层的本性，决定要扑破谜团，念念中无我亦无无我、无此亦无彼，一往直前，冲破公案的铁墙。如是逼拶向公案，终究会意外打开心灵的未知领域。就知性而言，那是超越了逻辑二元论的限制，但是那也是一次重生，是一个内在感官的觉醒，让我们看见一切诸法的真实妙用。于是，公案的意义廓然明白，如人饮水，冷暖自知。当然，眼睛在看，耳朵在听，但是省悟的却是整个心灵。它固然也是个知觉活动，却是最高层次的知觉。禅修的价值就在这里，它让人坚定地相信的确有超越思考活动的东西存在。

一旦公案的墙被打破，知见的障碍被清除，你便会回到平常结构完整的意识里。除非一只手拍另一只手，否则不会发出声响。柏树就挺立在窗前，所有人的鼻子都是垂直的，眼睛则是水平排列的。现在，禅是世界上最平常的东西。以前似乎很遥远的领域，现在却发现我们每天就漫游在具中。当我们走出悟境时，我们又看到熟悉的世界及其合乎逻辑的各种事物和观念，于是我们说："这样很好。"

公案的评唱拈弄是禅学最特殊的地方

在还没有公案体系的时代里，禅或许比较自然、纯粹，但是只有少数利根者才能体会其精神。如果你在那个时代，当你被人很粗鲁地推倒时，你要怎么办？如果你被唤作干屎橛，你会怎么反应？如果你被吩咐去拿坐具，把坐具呈给师父，却被师父以坐具打一顿，你要怎么办？如果你如钢铁般地立志参究禅的深处，并且如坚固大地般地深信禅的“合理性”，那么你坐禅多年以后，或许可以省悟，但是这种例子在我们现代可谓凤毛麟角。我们俗务缠身，没办法自己去走一遍禅的迷宫小径。在初唐，人们比较单纯，信仰也比较坚定，没有那么多知见计执。但是这种情况无法持续很久。要维持禅的生命力，必须有某种机权奇巧，好使禅更易于领会，也更大众化，也因此必须设立公案的提撕以方便后世弟子。禅在本质上绝对无法如净土真宗或基督宗教那样成为民间宗教，但是它的法脉能够传承数百年，我认为主要归功于公案体系。禅学发源于中国，但是那里已经没有纯粹形式的禅，禅宗的法脉也和强调念佛法门的净土宗融合。在日本，禅仍然雄浑刚健，也可以看到正统的元素，因此我们有理由相信那是由于禅修和参公案的结合。无疑地，这个体系是人为造作的，而且潜藏着很危险的陷阱，但是如果正当使用的话，禅的生命可以借由它绵延不断。对于跟随着优秀的师父参究公案的弟子们而言，禅的体验是可能的，开悟也是克期可待的。

如此，我们可以看到，禅的体验是可以经由某种实修去理解的。也就是说，参究公案是一个有特定目的的体系。禅不像其他形式的神秘主义那样，它的体验并不是完全放任给随兴而至的自然或是反复无常的运气。公案的评唱拈弄，可以说是禅学最特殊的地方。它让习禅者不至于贪求玄妙、耽于禅味，因而使禅修困于枯寂。禅要在生活的行住坐卧里把握生活，禅并不会截断生命的流动，然后才去省察它。经常在境缘上提撕公案，可以让心念专一，在动静闲忙里处处用功。开悟是在生活的活动里觅得，而不是像许多人所想象的那样压抑它，禅和一般人理解或练习的“坐禅”其实大异其趣，在探讨过公案的性质以后，我们现在可以更了解这一点。

早在中国五代时期，也就是公元10世纪，公案便开始体系化，日本德川时期才华横溢的白隐则让它更完备。无论人们如何批评公案的滥用，公案毕竟让日本禅宗不致断绝。我们再看看中国禅宗的境况，就我们所知，它几乎是名存实亡了，然后我们再看看日本曹洞宗弟子们的习禅的一般习性。我们不否认曹洞宗有许多优点，也必须仔细研究它们，但是就禅的存续而言，采用公案体系的临济宗或许更有活力一点儿。

或许有人会说：“如果禅真的如你所说的，远远超越知性的理解范围，那么它里头就不应该有任何体系，事实上它不能有任何体系，因为‘体系’的概念本身就是知性的。为了完全一致，禅应该是一个单纯绝对的体验，排除任何次第、体系或修行。公案应该是个赘瘤、非必需品，甚至是个矛盾的东西。”理论上，甚至从绝对性的观点去看，这话是没错。因此，当人们“直截了当地”谈禅时，是没有什么公案的，也不知道有什么迂回的说法。就只是一根拄杖、一把扇子或一个字而已！就在你说“它唤作拄杖”或“我听到一个声音”或“我看到拳头”时，禅已经鸟飞无迹了。它犹如闪电，在禅里头没有让人思考的空间或时间。只有当我们谈到禅的行解或方便法门时，我们才会说公案或体系。如前所述，我现在这么说，其实也是一种救济、辩护、妥协，禅的体系化更是如此。

对于门外汉而言，所谓的“体系化”似乎根本不成体系，因为里头充斥着矛盾，甚至禅师彼此之间也有许多歧异，的确让人非常为难。当有人提唱时，另一个人断然否认，甚至嗤之以鼻，让外行人一头雾水，不知道如何解开这些无休止的、无益的葛藤。然而事实上我们不能从表面去理解禅，诸如体系、合理性、一致性、矛盾或不协调的种种语词，都只是禅的表面。若要理解禅，我们必须摊开金襕袈裟，检视它的另一面，爬梳它的经纬。在禅里头，我们绝对需要逆转秩序。

我们举一个例子，看看不同的禅师如何拈弄公案。宋代有一位伟大的禅师，即汾阳善昭禅师，他曾说："识得拄杖子，一生参学事毕。"[①] 这个公案似乎够简单了。禅师一般会持拄杖，现在是某种宗教权威的记号，但是在古代，其实只是登山涉水用的行脚杖。这个极为平常的东西，禅师在上堂说法时经常会举示众人，它也成了僧人们讨论的主题。泐潭怀澄和尚似乎不同意汾阳的说法，他说："识得拄杖子，入地狱如箭射。"如果真是这样，谁还敢习禅？但是怀澄和尚真正的意思是什么？另一个禅师，破庵和尚，他谈到拄杖时就没有这么激烈，他很理性而好心肠地说："识得拄杖。且拈靠壁。"[②] 这些禅师在说同一个实相，指出同一个真理吗？或者他们不仅是在语言上，甚至在实相和真理上面都彼此冲突呢？我们再看看其他古德如何谈那根拄杖吧。

泉州睡龙山和尚有一天上堂举拄杖说：

---

① 见《滁州琅琊山觉和尚语录》，另见《汾阳无德禅师语录》。"上堂，拈起拄杖云：'识得这个，参学事毕。还识么？莫道唤甚么作拄杖。'"

② 见《破庵祖先禅师语录》。

"二十年住山，全得者个气力。"时有僧问："和尚得它什么力？"龙云："过溪过岭，东拄西拄。"后招庆闻，云："我则不恁么道。"僧云："和尚作么生道？"庆将杖下地拄行。[①]

破庵则就上述两个禅宗的话评论说：

"睡龙好条拄杖，可惜龙头蛇尾。更得招庆随后打搂，大似画虎添斑。当时待他道'和尚得它什么力'，拈拄杖便掷，管取挐云攫（huò，捕取）雾。"[②]

现在我要问，为什么他们要如此小题大做？如果现代的禅是一个体系，那么它是什么样的体系？它看起来一片混乱，而禅师们的观点又互相对立。然而就禅的观点来看，在那一片混乱底下，却有一条伏流流过，每一位禅师其实都是在彼此印证。表面上的冲突绝对无碍于真正的印证。如此的互补有无，虽然不合逻辑却饶富禅趣，我们在其中也看到公案的生命和真理。一个徒具形式的句子不会有什么结果。无论是白隐的"一只手"、赵州的"柏树子"或是六祖的"本来面目"[⑥]，都极为雄健活泼。只要把握到它的本质，整个宇宙就会从被我们以逻辑和分析埋葬了的坟墓里爬出来。

我再举几个例子，以帮助习禅者理解公案的作用。沩山禅

① 见《破庵祖先禅师语录》，另见《五灯会元》卷第八。
② 见《破庵祖先禅师语录》。

师曾派僧人送镜子给仰山禅师。有一天，仰山上堂，举起镜子示众说：

“且道是沩山镜、东平镜？若道是东平镜，又是沩山送来。若道是沩山镜，又在东平手里。道得则留取。道不得则扑破去也。”众无语，师遂扑破。[①]

洞山守初禅师初参云门文偃禅师时，云门问他从哪里来，洞山说：

“查渡。”门（云门）曰：“夏在甚处？”师（洞山）曰：“湖南报慈。”曰：“几时离彼？”师曰：“八月二十五。”门曰：“放汝三顿棒。”师至明日，却上问讯：“昨日蒙和尚放三顿棒，不知过在甚么处？”门曰：“饭袋子，江西湖南便恁么去。”[②]

有一天沩山在小睡，仰山来问讯，沩山便回面向壁，仰山说：

“和尚何得如此？”师（沩山）起曰：“我适来得一梦，你试为我原看。”仰取一盆水与师洗面。少顷，香严亦来问讯。师曰：“我适来得一梦，寂子为我原了，汝更与我原看。”严乃点一碗茶来。师曰：“二子见解，过于鹙子。”[③]

---

① 见《五灯会元》卷第九。“东平”，仰山当时住在东平。
② 见《五灯会元》卷第十五。
③ 见《指月录》卷第十二。“原看”，解释。“鹙子”：舍利佛。

石霜禅师归寂以后，众人请首座继任住持。九峰道虔禅师对众人说：

> “须明得先师意，始可。”座（首座）曰：“先师有甚么意？”师（九峰）曰：“先师道：‘休去，歇去，冷湫湫地去，一念万年去，寒灰枯木去，古庙香炉去，一条白练去。其余则不。’”问：“如何是一条白练去？”座曰：“这个只是明一色边事。”师曰：“元来未会先师意在。”座曰：“你不肯我，那但装香来，香烟断处，若去不得，即不会先师意。”遂焚香，香烟未断，座已脱去。师拊座背曰：“坐脱立亡，即不无先师意，未梦见在。”①

这个例子再次告诉我们，禅完全不同于耽着枯寂。

公案的数目传统上估计有一千七百则，不过计算方式有点宽松。对于行解而言，若要解悟，只要在不到十则、五则，甚至一则公案上面用功就够了。至于彻底的证悟，则需要万缘放下，并且深信禅的究竟目的，求解生死之缚。像临济宗的弟子那样只在一切公案上揣度，是不会有什么结果的。数目的确无关紧要，信心和用功才是必要条件，无此，则禅只是泡影。把禅当作思辨和抽象思考的人，永远也无法入道，只有发长远心才能够探测到它。数百则公案也罢，如恒河沙数公案也罢，都

① 见《五灯会元》卷第六。“明一色边事”：说明绝对空。“去不得”：未入灭。“脱去”：入灭。“未梦见在”：没有梦见先师的意思。

不关我们的事。只要能如如平等、谛观生生不息的宇宙万象，公案就完成其使命了。

这就是公案体系里潜藏的危险。人们可能以为习禅不过如此，而忘记了禅的真正目的是开展自己的内在生命。许多人堕入这个陷阱，其结果就是禅的衰败式微。大慧禅师有感于此，于是一把火烧掉他的师父圆悟禅师编集的百则公案。它原本出自雪窦重显禅师的“百则颂古”，并由圆悟逐一评唱。大慧是真正的禅门弟子。他知道他的师父评论该选集的用心，他也知道将来它会成为禅的自我毁灭的武器，于是付之一炬。

然而，这部书终究逃过一劫，成为我们现在最重要的禅学典籍。的确，它已经成为权威经典，经常在禅学研究里被引用以决疑。这部书就是《碧岩录》，对于门外汉而言，它犹如天书一般。首先，它不是以古文撰写的，书里充斥着唐宋时期的白话，这些白话如今也只在雄浑沉郁的禅学典籍里才看得到。其次，它的风格非常独特，而其中的思想和表现方式也很出人意表，那些想要在里头看到一般的佛教名相或至少是习惯了的古典文体的人，总会觉得不知所措。撇开文体上的困难不谈，《碧岩录》自然是充满禅味的。然而，想要知道禅门弟子如何拈弄公案的人，最好还是看看这部书。

此外也有若干评唱公案的作品多少仿照《碧岩录》的风格，例如《从容录》《无门关》《槐安国语》等。其实，在禅宗语录或祖师们的生平故事里，都或多或少会以禅的特有方式提到公案。几乎每位著名的禅师都会留下语录，并且构成现在我们看到的禅宗典籍。关于佛教的哲学研究充斥着各种琐碎繁复的经解注释，但是禅却给我们简单扼要的开示、如警句般的提唱、讽刺性的评论，似乎蓄意和前者唱反调。禅宗典籍的另一个特色，就是偏好诗的形式：以诗偈去评唱公案。其中《碧岩录》和《从容录》尤为经典。前者为圆悟根据《雪窦百则颂古》编著，后者则是万松行秀以《宏智百则颂古》为基础写成的，都是以偈颂方式去评论。由于禅比较接近领会感受，而不是知性，所以它很自然地会以诗去表现，而不是以哲学的形式，它对诗的偏爱也就无法避免了。

第九章

禅堂和僧侣的生活

禅

禅堂是禅宗僧人修禅办道的地方。了解禅堂的规式，也就得窥禅门实修实证的面向。这是个很独特的制度，在日本，大部分的禅宗寺院都奉行它。从禅堂里的僧侣生活，我们可以联想到印度僧团的生活。

禅堂僧侣的生活准则

该体系是由一千年前中国的百丈怀海禅师（720—814）创设的。他留下一句名言并以此作为他的生活准则：“一日不作，一日不食。”[1] 百丈的弟子们不忍年迈的他还在庄田里工作（出坡是他最喜欢做的事），却屡次劝不动他，于是把耕具藏起来，百丈却因而拒绝进食，故有“一日不作，一日不食”之语。[2] 禅

---

① 比较《圣经》之《诗篇》128：2。“你要吃劳碌得来的。你要享福，事情顺利。”

② 见《五灯会元》卷第三。“师凡作务执劳，必先于众，主者不忍，密收作具而请息之。师曰：‘吾无德，争合劳于人？’既遍求作具不获，而亦忘餐。故有‘一日不作，一日不食’之语流播寰宇矣。”

堂里的工作，尤其是被认为低下的事，是僧侣生活的重要元素。其中包含大量的体力劳动，例如扫地、清洗、煮饭、捡柴、耕地或是到远近村庄沿门托钵。他们认为工作不会损及其尊严，并且在其中培养手足情谊。他们相信体力劳动是神圣的，无论工作多么辛苦低下，他们决不推却，而尽己所能去劳动，因为他们不是懒汉，不像印度某些比丘或托钵僧一样。

从心理学去看，这是非常好的事，因为体力活动是调伏因久坐不起而心识昏沉的最好药方，昏沉是很常见的禅病。大部分隐修者的麻烦，是他们的身心并不调和，他们身体和心灵总是一分为二。他们以为身体在这里，心灵在那里，却忘了这个分别只是观念作用，因而是人为施设的。习禅的目的就在于止息这个根本的分别心，很小心地避免任何可能偏于一边的修行。所谓的开悟，其实就在于止歇一切分别妄念，但是它绝对不是空的状态。心的疲息经常是耽着静境的结果，我们也会看到，那绝对无益于开悟。精进禅修的人自然要避免心识困于枯寂。这也是禅门弟子反对终日坐禅的原因。身体忙起来，也会让心忙起来，并因而活泼、健康、清醒。

真理必须以生活经验为基础

在道德上，身体力行可以印证观念的正当性。在禅里头尤其如此，无法有效反映在实证上的抽象观念，被认为是没有价值的。信念是得自体验而非抽象思考，道德主张应该总是高于知性判断，也就是说，真理必须以生活经验为基础。禅门弟子说，枯坐冥想不是他们要做的事。当然，他们也会静坐禅修，但是前提是他们必须把工作里学到的东西融会贯通。正如他们反对终日“反复咀嚼”，他们会把在静坐里的反省付诸行动，在现实环境里验证它们的有效性。我深信如果禅宗寺院没有以工作当作其信念，让僧侣的血液保持循环，那么习禅就会落入耽空滞寂的体系，而中国和日本的古德们辛苦积累的宝藏，也就成了一堆腐败的废物。

禅堂是根据僧众多寡而大小不一的方形房舍。以镰仓的圆觉寺来说，约莫为宽三十五英尺①、长六十五英尺，可容纳三四十名僧侣。每个僧人分配到约一席大的寮房，可以打坐、睡觉。每个人的被褥不超过五英尺宽、六英尺长，无论冬夏皆然。他们没有制式的枕头，总是以随身的东西将就着使用。不过他们随身的东西也非常少，包括袈裟、海青、几本书、剃刀、钵，全部装在一个长十二英寸②、宽十英寸、高三点五英寸的漆器箱子（行笈）里。在行脚时，以宽带子把漆器箱子挂在脖子上，悬挂在胸前。他的所有家当就这样随身带着走。“一衣一钵，树下石上”生动地描绘了印度的比丘生活。相较于此，现代的禅僧的生活可以说充裕得多。尽管如此，他们的需要仍然降到最低，每个人都得过着最简朴的生活。佛教认为占有欲是凡夫容易执着的贪念当中最不好的。世界里有太多的烦恼是因为贪求无厌。人们贪求权力，就会有强凌弱，众暴寡；人们垂涎财富，

① 1英尺=30.48厘米。
② 1英寸=2.54厘米。

有钱人和穷人便总是争执不休，彼此对立。除非完全舍弃占有和控制的欲望，否则国际战争就会持续蔓延，社会动乱不断升高。我们不能如远古时代那样以不同的基础去重建社会吗？我们不能停止那仅仅为了个人或国家的扩张而贪求的财富聚敛和权力累积吗？佛教僧侣对于世间法的非理性感到很失望，于是走到另一个极端，就连生活里合理且完全无害的喜悦都要舍弃掉。然而，禅宗把僧侣的家当装到一个小箱子里的理想，只是对于现存的社会制度的无声抗议，虽然不是很有效果。

印度的比丘是过午不食的，他们一日一食，在英美世界的人们眼里，他们的早餐根本不算是早餐。禅僧本来不应吃晚餐，但是由于气候寒冷，他们好歹得吃一点，为了减轻心里的不安，于是称之为“药石”。他们在大清早天亮以前就吃早餐，内容是稀饭和酱菜。主餐在上午十点，主要有米饭（或是掺大麦）、蔬菜汤和腌菜。到了下午四点，他们就吃剩菜剩饭，不再特别煮什么东西。除非出外做客，或是接受供养，他们的餐点大致如上所述，年复一年。守贫和简朴是他们的规定。

然而我们不能就此推论说苦行是禅僧的生活理想。就禅的究竟旨趣而言，它既不是禁欲主义，也不属于任何其他的道德体系。如果说它似乎在拥护压抑或厌离的教法，那只是表象而已，因为禅宗毕竟是佛教一脉，多少有一点印度苦行主义的倾向。但是僧侣生活的核心观念，不是浪费而是善用身边的事物，那也是处处可见的佛教精神。其实，知性、想象和其他心识作用，以及我们周遭的事物，包括我们的身体，都是要用来开展并增长我们自身拥有的最高贵的能力，而不只是满足个人的冲动和欲望，那些欲望当然也会抵触甚至侵犯到其他人的利益和权利。这些是在僧侣生活的简朴和守贫底下的内在理念。

禅的基本原理就是“做中学”

过堂时会敲云板，僧侣鱼贯走出禅堂，带着自己的钵具到斋堂去，但是要等到维那师打鱼梆以后，才可以坐下来。每个人执持的食器多为木制或纸制的漆器。其数通常为四只或五只，并且可以套迭收纳。诵读《心经》并“食存五观”[①] 以后，负责大众用斋的“行堂”僧人就会盛饭盛汤。现在他们准备举箸了，但是在他们享用奢侈的晚餐前，他们要观想诸寒林饿鬼，自钵里盛七粒米饭，撒给诸鬼众生（称为“出饭”或“生饭”）。用餐时要寂静，轻取餐具，不可以出声，也不可以讲话谈天，想要什么东西，则以合十摩掌示意。过堂对他们而言是非常严肃的事。想要添饭时，僧人合掌向前伸[②]，行堂注意到了，就提饭桶来添饭，僧人则拿起钵，轻轻摩挲钵底，拭去尘埃，以免弄脏行堂的手。盛好饭时，僧人继续合十，摩掌则意味钵里的饭和汤已经够了。

按规定，每个僧人都必须吃完盛给他的饭菜，“把剩下的零碎收拾起来，免得有糟蹋的”[③]，因为这是他们的宗教。添过三次到四次饭以后，就差不多用完斋了。维那敲云板，行堂僧送热

---

① “五观”：计功多少，量彼来处；忖己德行，全缺应供；防心离过，贪等为宗；正事良药，为疗形枯；为成道业，应受此食。

② 或将碗往前推。

③《圣经·约翰福音》6：12。

水来。每个僧人都用最大的碗盛水，用以洗净其他的碗，以随身携带的手巾拭干。然后行堂提木桶把污水收回，每个僧人叠好他们的餐具，把它们裹好。现在桌子干净如前，除了用斋前施食诸鬼众生的饭粒以外。接着再次打云板，僧侣们如进堂一般的静默鱼贯出堂。

僧侣的勤奋是众所周知的。如果当天不是要在禅堂参禅，他们通常要“出坡”，一般在早饭后，夏天约在五点半，冬天则是六点半，到禅寺的庄田去耕作。其中有些僧人也会到邻近的村落去乞食。他们把禅寺里里外外打扫得整齐干净。当我们说“这就像禅寺一般”时，就意味着那里是个非常清净的地方。通常每一座禅堂附近都有些施主，僧人会固定去他们家乞讨米饭蔬菜。乞食时，他们总得走好几里路，人们经常会看到他们在乡间小路拉着拖车，上面满载着南瓜、马铃薯或白萝卜。他们有时候会到林子里去捡柴火。他们也懂得修葺房舍，因为他们得自给自足，必须身兼农夫、工匠和仆役。他们必须在师傅的指导下自己盖禅堂或其他房舍。他们的劳作可不是敷衍了事的。他们和一般的工匠一样认真工作，或许更认真，因为劳作就是他们的宗教。

僧侣们是个自治的团体，他们有自己的厨子（饭头）、自己的训导长（维那）、经理（监院）、仆人（侍者）、司仪（知客）等等。尽管住持和尚是禅堂的灵魂，他却不直接管理寺务，而交给丛林里的执事去处理，他们的资格都是经过多年修行验证的。在谈论禅的原理时，我们或许会惊艳于他们深刻细腻的“形而上学”，并且想象这些和尚大概是一群孜孜矻矻、面无血色、眼睛低垂而且遗世独立的家伙吧，但是在现实生活里，他们却是多能鄙事的平常人。他们开朗活泼、喜好诙谐、乐于助人，而且决不推辞许多文明人认为卑下的工作。百丈的精神就体现在这里。僧侣的各种能力都得到全面性的发展。他们没有正式的或语文的教育，那种教育多半来自书本或抽象思考的教学，但是他们得到的却是实证和各种才能，因为禅的基本原理就是“做中学”。他们瞧不起柔性教育，认为那种教育只是给预后病患的营养配方。当母狮子生下小狮子，我们一般相信三天后她会把他叼到悬崖上，看看他是否能够爬回来。没有通过考验的，就不再被关注。无论是真是假，禅师们的想法大概类似于此，他们经常对他们的弟子不假辞色。僧侣经常吃不饱、穿不暖、睡眠也不够，尤其甚者，他们有做不完的工作，无论是劳心或劳力。这些外在需要和内心的渴望，一起垂手锻炼僧侣的性格，最后成就了一种叫作“羽翼丰满的禅师”的新人类。这个独特的教育体系在临济宗里古风犹存，但是俗家众并不很熟悉，虽然现在有许多信息可以让他们知道禅堂的生活。但现代重商主义和机械化的无情潮流蔓延整个东方世界，几乎没有什么地方可以避静修行的，没有多久，连“禅”这座孤岛可能也会被卑鄙贪婪的物质主义给淹没。就连僧侣自己也开始误解古德们的精神。尽管我们不能否认丛林的教育仍有改善的空间，但是如果禅要能够永久流传，它对于生活的宗教性的、虔敬的精神，就应该好好保存下来。

理论上，禅涵摄整个宇宙而且不受限于对立性的法则。然而这是个非常难以捉摸的地方，很多人都无法顺利地走过去。就在他们跌倒的地方，有很可怕的陷阱。正如某些中世纪的神秘主义者，习禅者也开始放浪形骸。历史本身就是个见证，而心理学则可以解释整个堕落的历程。有一位禅师曾说："向上一路，直踏毗卢顶上行；向下会取，只在儿孙脚底事。"禅的生活规定非常讲究，所有细节都必须遵守以上的精神。这使得禅不致落入中世纪神秘主义者的窠臼，这也就是为什么禅堂在禅的教学里如此重要。

唐代的丹霞天然禅师有一次路过京城的慧林寺：

> 遇天大寒，取木佛烧火向。院主诃曰："何得烧我木佛？"师（丹霞）以杖子拨灰曰："吾烧取舍利。"① 主曰："木佛何有舍利？"师曰："既无舍利，更取两尊烧。"主自后眉须堕落。②

不过佛陀似乎没有降怒于丹霞。

尽管我很怀疑它的历史真实性，但是这个故事却脍炙人口，也没有人怀疑这个亵渎佛陀的丹霞的精神成就。后来有一位僧人问天竺子仪禅师说：

> "丹霞烧木佛，意旨如何？"师（天竺）曰："寒即围炉向猛火。"曰："还有过也无？"师曰："热即竹林溪畔坐。"③

无论我们如何从禅的纯粹观点去论断丹霞的行为，那无疑

---

① 舍利（sarira）意译为"所依之身体"，但是在佛教里，则是尸体荼毘后留下来的矿物质。佛教徒认为这种遗物的价值和圣者的成就相应。

② 见《五灯会元》卷第五。

③ 见《五灯会元》卷第八。

被认为是非常不敬的，正信的佛教徒也不应为之。那些没有完成悟道的人，或许会以禅为名恣意妄为，甚至违法犯禁。因此，禅堂的规定非常严格，务使调伏我慢，信守忍辱行。

明代的云栖袾宏大师著书讨论比丘的十种善行，有个自以为是的僧人问他：

> “吾法一尘不立，十行何施？”
>
> 予（云栖）曰：“五蕴纷纭，四大丛沓，何谓无尘？”
>
> 僧云：“四大本空，五蕴非有。”
>
> 予与一掌曰：“学语之流，如麻似粟。未在，更道！”
>
> 僧无对，色然而起。
>
> 予笑曰：“蔽面尘埃，子何不拭？”[①]

顿悟的力量

在习禅当中，顿悟的力量总是得自对于忍辱心和随顺心的甚深思惟。

在禅堂的生活里，有一个时期是特别安排给僧侣修心的，除非绝对必要，否则他们不必受劳务的干扰，该时期称为“接心”。每年都会举行若干次，每次为期七日，分别在两个季节期间里，一为“雨安居”，一为“雪安居”。一般来说，雨安居是从四月到八月，雪安居则是从十月到次年二月。所谓“接心”，

---

① 见《缁门崇行录》序下。

就是“摄心不乱”。接心期间，僧侣都只能待在禅堂里，比平常早起，而且一直打坐到深夜。每天会有“上堂”开示。教材则可以是任何禅宗典籍，例如《碧岩录》《临济录》《无门关》《虚堂和尚语录》《槐安国语》。《临济录》是记录临济宗祖师临济义玄言行的语录。《碧岩录》，如前所述，则是百则公案的评唱。《无门关》也是公案选集，共四十八则，包含禅宗特有的评论，也比《碧岩录》简单扼要许多。《虚堂和尚语录》收录宋代虚堂和尚的语录、开示、偈颂和其他作品。虚堂是大应国师的师父，他的法脉在日本仍然很兴盛。《槐安国语》是白隐的作品，记录大灯国师[①]的开示以及评论古德的偈颂。对于一般读者而言，这些书有点像是“以晦涩的语言解释难懂的问题”。除非僧人见性，否则听了一连串的开示，或许像以前一样，仍然如堕五里雾中。如此的莫测高深，并不一定是因为典籍的晦涩难解，而是因为听众的心仍然被计执分别的意识硬壳裹住。

在“接心”期间，除了开示以外，僧侣们还得“参禅”。所谓“参禅”，是面见师父，提呈他们对于公案的见解，让师父评定。在“大接心”以外的日子里，一日或许会“参禅”两次，在大接心期间（结制），则每日要入室四五回。面见师父不是公开举行的活动，僧人必须个别到师父的方丈里去，并且以最正式且庄严的方式对话。僧人在入室前必须三顶礼，到了室内，则合十胸前，到了师父跟前，再顶礼一次。礼拜完毕以后，就

---

① 大灯国师即宗峰妙超（1282—1338），为日本南北朝时期南朝国师，与北朝梦窗国师齐名。

不必再管什么世间法。如果从禅的观点有需要的话，掌掴相向也无妨。诚心开显禅的真相，是唯一关心的事，其他事情都是次要的。呈示见解以后，僧人和入室时一样行礼退出。这个功课对禅师而言也是极大的考验，因为每次三十个僧人的“参禅”都要花一个半钟头左右，而且要全神贯注。

僧人对于师父的见地要有绝对的信心，但是如果僧人自认有理由怀疑师父的能力，也可以在独参时和师父分个高下。因此，无论是对于师父或僧人，呈示见解绝不是无聊的把戏。的确，那是极为严肃的事，正因为如此，这种禅修也就有极大的伦理价值。为了说明这一点，我们且以白隐（现代日本临济宗的创立者）的一则轶事为例。

在一个夏天傍晚，白隐去面见他的师父正受老人要呈见解，师父正在玄关乘凉，很粗鲁地说：“胡说！”白隐不甘示弱，大声回嘴说：“胡说！”于是师父抓住他，拽他的耳朵，把他推出玄关。当时下着雨，可怜的白隐昏倒在泥泞的水滩上，当他醒了过来，回到玄关向正受老人稽首，老人说：“这鬼窟里死禅和子！”

又有一天，白隐认为师父不明白他的悟境深浅，很想和师父法战一番。当白隐入老人之室，决心拿出本事和师父一较高下，决不让步。老人气坏了，抓住他掌掴几下，又把他推出玄关外。他跌到数尺外的石墙脚下，几乎不省人事。老人低头看着他开怀大笑，这时白隐恢复意识，他满身大汗地回到老人跟前，但是老人不放过他，仍然像以前一样骂他说：“这鬼窟里死禅和子！”

> 白隐万念俱灰，想要离开这个老和尚，有一天他到村里头乞食，一个小插曲[①]让他顿然省悟以前不曾见的道。他喜不自胜，得意洋洋地回到师父那里。他还没踏进前门，老人就知道他有所变化，于是向他招手说："今天有什么好消息吗？快快进来！"白隐告诉老人当天发生的事，老人便轻拍他的背说："现在你会得了，你终于会得了！"自此以后，老人就不再呵斥他。

这就是日本现代禅宗的祖师所经历的训练。正受老人把他狠狠推到石墙脚下，这不是很粗鲁吗？但是白隐在这么多辛苦难堪以后破茧而出时，他又是多么的慈祥！的确，在禅里头做功夫不可以不冷不热，将心待悟。不冷不热就不是禅了。它要我们澈照自性，但是除非放下知见妄念的葛藤，回到赤裸裸的自己，否则是无法领悟的。正受老人的每一次掌掴，都在褪除白隐的妄想和虚伪。的确，我们都活在妄想和虚伪的外衣里头，而看不见我们内心深处的自性。为了让学生悟道见性，禅师经常使用看似很不人道的手段，的确，完全说不上是慈悲心肠。

在禅堂的生活里，没有像学校教育那样有固定的毕业时间。有些人待了二十年仍然毕不了业，但是以一般的根器，加上发长远心，不放逸懈怠，约莫十年的光阴，习禅者应该可以一窥禅门宗风的堂奥。然而，在生活的每个弹指间去做工作，也就是完全融入禅的精神，却是另一回事。一辈子的时间恐怕也不够，经里说，就连释迦牟尼和弥勒菩萨都还在自修呢。

---

① 他在沿门托钵时，被一个老婆婆莫名其妙地痛打一顿，遽然省悟。

除了解悟，还要经历“长养圣胎”的时期

要成为合格的禅师，仅仅解悟是不够的。他必须经历一段所谓“长养圣胎”的时期，“长养圣胎”这个词源自道教，但是在现在的禅学里，则意指解行相应。在合格的禅师指导下，一个僧人或许可以完全把握到禅的奥秘，但是那至多只是知见上的解悟。僧人仍然要在生活里就一切境缘以所悟之理去实修实证。因此，自我训练是绝对必要的，因为在禅堂习得的，都只是以手指月，终究还得要他努力向它走去。但是如此他就不一定要待在禅堂里，相反，他的解悟必须放在世间生活里去验证。而“长养”的功夫并没有固定的规则，每个人必须就触境逢缘自行调适。他或许会隐居山林，或是在市廛里随顺一切世间法。据说六祖向五祖辞别以后，和山里的猎人队共处了十五年[①]。在他下山听印宗法师讲经时，他还是默默无闻。而慧忠国师在南阳四十年，不曾到城里去。但是他的清净梵行却远近驰名，由于皇帝下诏延请，他才离开草庐[②]。沩山则隐居山里七年，以橡栗充饥，和猿猱为伍[③]。然而，山下村民知道了他，便在他草庵旁兴建梵宇，此后禅风大盛，僧众有一千五百人。京都妙心寺的开山祖师关山慧玄禅师（1277—1360），以前在美浓伊吹山结

---

① 见《六祖坛经·行由品第一》。

② 见《五灯会元》卷第二。“自受心印，居南阳白崖山党子谷，四十余祀不下山。道行闻于帝里，唐肃宗上元二年，敕中使孙朝进赍诏征赴京，待以师礼，初居千福寺西禅院。及代宗临御，复迎止光宅精蓝十有六载，随机说法。”

③ 见《五灯会元》卷第九。“是山峭绝，敻（xiòng，远）无人烟，猿猱为伍，橡栗充食，经于五七载，绝无来者。”

庵修行多年，和村民一起务农，没有人认识他，后来因为偶然而被发现身份，朝廷便诏请关山任妙心寺第一任开山。[①] 白隐早年曾在骏河一座破落的古寺担任住持，那座寺庙是他在世上唯一的财产。我们可以从以下的文字想象它荒废的景象："这里可以说没有屋顶，夜里星光洒进来，也没有像样的地板。下雨的时候，如果要到大殿，必须着雨帽和高跟木屐。所有庙产都在债主手里，僧物也都质押给商人。"

在禅宗的故事里，可以看到许多伟大禅师隐居一段时间后再回到世间的例子，他们不是要苦行，而是要"长养"自己的德行善根。玄关外有许多蛇蝎窥伺，如果不踩死它们，它们就会再度抬头，梦想中的整个道德架构就会毁于一旦。对于禅门弟子而言，反律法主义也是个危险的陷阱，必须时时警惕。

当然，从某个方面来说，在禅堂里盛行的丛林教育，已经不合时宜了，但是其宗旨，例如简朴的生活、节制欲望、珍惜光阴、自给自足，以及他们所谓的"阴德"，都是放诸四海皆准的。尤其是"阴德"的概念，更是禅门修行的特色。它意味着不浪费自然资源，无论在经济或道德上，珍惜眼前的一切，对自己和世界都心存感恩和尊敬，它也意味着"为善不欲人知"。一个孩子溺水，跳下去救他，而孩子也获救了。所作已办，就这样离开，决不回头看，再也不去想它，犹如白云飘过，碧空廓然依旧。禅宗称之为"无功用行"，并且以"担雪填井"比喻之。[②]

① 见梁晓虹《日本禅》。
② 见《五灯会元》卷第十二。"大似担雪填井，傍若无人。"

耶稣说："你施舍的时候，不要叫左手知道右手所作的。要叫你施舍的事行在暗中。"[①] 这就是佛教所谓的"阴德"。但是当他继续说"你父在暗中察看，必然报答你"的时候，我们就看到佛教和基督宗教之间的深层差异。无论心里想着任何人，管它是上帝或魔鬼，知道我们的行为而且会回报我们，这时候禅就会说"汝非我辈，不与我同类"。由这种念头产生的行为，会留下"踪迹"和"影子"。如果有鬼神追踪你的行为，他随时会抓住你，要你解释它，禅则不会如此，犹如天衣，里外皆无缝，那是完美的作品，没有人知道哪里是线头。在禅里头，行善以后绝对不会有任何骄慢或自夸的踪迹，更不会去想什么赏报，即使是上帝的也一样。

列子曾经生动地描绘这种境界：

> 横心之所念，横口之所言，亦不知我之是非利害欤，亦不知彼之是非利害欤；亦不知夫子之为我师，若人之为我友：内外进矣。而后眼如耳，耳如鼻，鼻如口，无不同也。心凝形释，骨肉都融；不觉形之所倚，足之所履，随风东西，犹木叶干壳。竟不知风乘我邪？我乘风乎？[②]

德国神秘主义者把这种德行称为"神贫"，陶勒（Tauler）[③] 定义说："当无论有谁受惠于你或亏欠你的，你都把它忘记，那

① 《圣经·马太福音》6：4。

② 《列子·黄帝篇》。"夫子"：指老商氏；"若人"：指伯高子。

③ 陶勒（Johannes Tauler，1300—1361），德国神秘主义神学家，受埃克哈特大师影响甚深。

么你就拥有绝对的贫穷，正如在死亡的最后旅程里，你会忘记一切。”

在基督宗教里，我们似乎太在意上帝了，尽管我们说我们在他内里居住行走，并且拥有我们的存在。禅要把这最后一点“上帝意识”都给抹去。这就是为什么赵州禅师说：“有佛处不得住，无佛处急走过。”①

禅堂里对僧侣的所有训练，无论是实证或理论的，都是基于这个“无功用行”的原则。云峰志璇禅师以诗偈描绘如下：

竹影扫阶尘不动，月穿潭底水无痕。②

总而言之，禅非常重视个人体验，如果有什么东西可以称为“极端的经验主义”③的，那非禅莫属。无论看经说教，或是静坐观想，都无法造就一个禅师。生命必须在它的流动当中去体会，为了审视或分析它而阻断它，无异杀了它而抱着冰冷的死尸不放。因此，禅堂的一切事务，以及修行功课的每个细节，都是要突显这个理念。在整个东亚佛教史里，禅宗能在中国和日本的所有佛教诸宗里占有独特的地位，无疑要归功于“禅堂”的制度。

---

① 见《五灯会元》卷第四。

② 见《五灯会元》卷第十六。

③ 极端的经验主义（radical empiricism），为实用主义者詹姆斯（William James）所提出的学说。

后记

开启西方心灵的禅学

荣格（Carl Jung）

禅

铃木大拙的禅学论述堪列过去几十年来关于当代佛教的杰作，而禅学本身则是以巴利文经典结集为根底的大树最重要的果实。[1]我们要对作者表示感激，首先是因为他让禅学更贴近西方世界的思考，其次是因为他实现这个课题的取径。东方世界的宗教概念经常和西方世界大异其趣，即使是语词的翻译都非常困难，更不用说概念的意义了，在某些情况还不如不要翻译。我以“道”这个中文字为例就够了，欧洲至今还找不到一个译名。原始佛教典籍里有许多观点和理念是一般西方人的认知所无法领略的。例如说，我不知道有什么灵性的（或者也许是气候的）前提或准备，才能够完整且清晰地想象或思考原始佛教“业”的概念。即便我们掌握了禅学的本质，仍然有一个非常奇特的核心观点。这个观点叫作“悟”，我们译为“Erleuchtung”

① “正如东方的作者所说，禅原本是佛陀的‘拈花说法’，世尊在会上拈花示众，是时众皆默然，唯迦叶尊者破颜微笑。”（Ohasama，*Zen. Der lebendige Buddhismus in Japan*，p.3）

(启蒙、领悟、光照)。铃木大拙说:“悟是禅存在的理由,没有它,禅就不成其为禅。”[①] 无论是神秘主义者所谓的“领悟”,或是一般宗教语言所谓的“光照”,西方人应该都不难理解。然而,“悟”是描绘一种欧洲人几乎无法领略的启蒙方式和道路。百丈怀海(724—814)的开悟,以及铃木大拙在书中提到的儒家诗人和政治家黄山谷的传说,即为例证。[②]

我再举一例:有一僧问玄沙师备禅师说:“学人乍入丛林,乞师指个入路。”师曰:“还闻偃溪水声么?”曰:“闻。”师曰:“从这里入。”[③]

有了这几个例子,应该可以突显开悟经验的无法捉摸了。即使我们举再多的例子,还是搞不清楚开悟是怎么回事以及悟到了什么,换言之,我们仍然不明白他们开悟的方法以及内容。忽滑谷快天是东京曹洞宗大学的教授[④],他在谈到开悟时曾说:

> 我们在去除我执以后,就可以唤醒内在、纯净而神圣的智慧,禅师们唤它作“如来”“菩提”或“般若”。那是神圣的光、内心的天国、一切良知宝藏的钥匙、一切威德自在的源泉,也是慈悲、正义、同情、无私的爱、人性和怜悯的所在地。当这个内在智慧完全觉醒了,我们就会明白,无论在灵性、本质

① Suzuki,*Die grosse Befreiung*,p.133。
② 同前面:pp.125,129ff.。
③ 见《五灯会元》卷七。
④ 忽滑谷快天(1867—1934),日本佛教学者,著有《禅学思想史》《禅学批判论》《禅学新论》《朝鲜禅教史》《曹洞宗宗意私见》。

或本性上，我们和世界众生或佛都是一体的，每个人本来即是佛，涵泳在圣者无尽的慈悲里，圣者生起慈悲心，弘法利生，于是生命不再是生老病死的大海，也不再是充满苦难的人生，而是庄严清净的佛刹和净土，众生于此可以得到涅槃妙乐。

于是我们的心完全转化。我们不再为瞋恨所苦，也不再被嫉妒和贪欲困扰，不再有悔恨的刺痛，再也不会被忧郁和绝望给打倒。[①]

这就是一个东方人、一个习禅者所描绘的开悟的本质。我们必须承认，这些段落只要稍加修改，看起来就很像是基督教神秘主义的灵修作品。但是以完备的决疑论去描绘的开悟经验，对于我们的理解其实没有什么帮助。忽滑谷快天应该是要讲给西方理性主义者听的，而他也找到了很好的药方，所以才会听起来这么平易近人。禅宗故事的讳莫如深总比底下这句话好多了："依照德尔芬的习惯"[②]，它似乎蕴义很深，却什么也没说。

禅绝对不是西方世界意义下的"哲学"。[③]鲁道夫·奥托[④]在为大迫（Ohasama）的禅学作品所写的导论里如是说，他认为忽滑谷快天"把东方巫术的理念世界附会到我们的西方哲学范畴"而和西方哲学混为一谈。"如果我们必须引用最笨拙的心身

① Nukariya，*The Religion of the Samurai*，p.133f.。

② 意为"不妥处删去"，为 17 世纪法国文学审查制度的用语。

③ 见《铃木大拙禅论集之二》。

④ 鲁道夫·奥托（Rudolf Otto，1869—1937）：德国著名的宗教学家，著有《论神圣》《西方和东方的神秘主义》。

平行论学说，去解释不二性、统一性和对立的和谐的神秘直观，那么我们会完全被逐出‘公案’‘（临济）喝’和‘开悟’的领域。”[①] 我们不如先浸淫在禅宗故事奇特的晦涩难解里，其次时时提醒自己，“开悟”是个“言语道断的奥秘”，而那正是禅师所要说的东西。对于我们的认知而言，在禅宗故事和神秘的开悟之间有一道鸿沟，我们最多只能暗示跨越鸿沟的可能性，却无法在实践里做到。[②] 我们会觉得接触到真正的秘密，而不是想象的或伪装的，那不是被神秘化的秘密事件，而是离言绝虑的体验。“开悟”是不期而遇的，而不是预料中的事。

在基督教里，要有很长的属灵准备，才能够得见圣三位一体、万福圣母、十字架苦刑或主保圣人的异象，因此人们会觉得异象是理所当然的。于是，雅各布·波姆（Jacob Boehme）[③] 居然能够以反射在锡盘上的日光窥见“自然的中心”，也就没什么了不起的。比较难以接受的是埃克哈特大师[④]“赤裸美少男”的异象[⑤]；甚至是史威登堡（Swedenborg）[⑥]“红袍男子”的异象，那男子要他戒掉暴饮暴食的习惯，而或许正因为如此，他认为那男子就是上帝。[⑦] 如此近乎奇诡谲怪的行径，自然是难以接受。然而，许多“开悟”经验不只是近乎怪诞，而且根

---

① Otto in : Ohasama，*Zen*，p. Ⅷ。

② 尽管我试着在底下要“解释”，我很明白，就“悟”的意义而言，我说的任何话都没有用。我却忍不住要让西方的理解更贴近一些，但是那难免会抵触禅的精神。

③ 雅各布·波姆（Jacob Boehme，1575—1624），德国神秘主义神学家。

④ 埃克哈特大师（Meister Eckhart，1260—1327），德国神秘主义哲学家、神学家。

⑤ 见：*Texte aus der deutschen Mystik des 14.und 15.Jahrhundert*，hg. von Spamer，p.143。

⑥ 史威登堡（Emanuel Swedenborg，1688—1772），瑞典科学家、哲学家、神秘主义者。

⑦ 见：White，*Emanuel Swedenborg I*，p.243ff。

本就是怪诞，听起来完全荒谬的事。

然而，对于长期涵泳于研究那花团锦簇般的东方精神本质的人而言，那些曾经让幼稚的欧洲人困惑不已的奇妙事物，现在都已经花果飘零。禅的确是中国文化最瑰丽的花朵[①]，它孕育自佛教广袤无垠的思想世界。如果有人稍加涉猎佛教教义（抛去西方世界的各种偏见），应该可以揭开个别开悟经验的怪异外衣而深入其中，或者是嗅到那些至今一直被西方的哲学和宗教忽略的困难。哲学家总是特别关心和生活无关的思考，而基督徒也总是和异教徒不相往来（“感谢主，让我不像其他人”）。在西方国家里，并没有所谓的“开悟”，那是东方国家的东西。然而真是如此吗？我们真的没有任何“开悟”吗？

当我们细读禅宗典籍时，总会有个印象：“开悟”经验即使很怪诞，其实却是自然而然的事，它是那么的简单，使得人们总是见树不见林[②]，或者是越解释就越让人如堕五里雾中。忽滑谷快天说，想要以“领悟”的观念去解释或分析“开悟”是没有用的[③]，此话是说对了。不过他还是大胆用“领悟”这个词，说它蕴含了“对自性的觉照”，是意识破除了虚幻的我执。所谓“我执”即是一般“自我”和“自体”的混淆。自体是指佛性，也就是生命的全体意识。他引用盘山宝积禅师的话“心月孤圆，

① 见《铃木大拙禅论集之一》。

② 见《铃木大拙禅论集之一》。宋代青原行思禅师曾说：“老僧三十年前未曾参禅时，见山是山，见水是水。后来参禅悟道，见山不是山，见水不是水。而今个休歇处，依然见山是山，见水是水。”

③ 见：*The Religion of Samurai*，p.123。

光吞万象”①，并且解释说：“它既是一个宇宙生命和宇宙精神，同时也是个体生命和个体精神。”

无论我们如何定义“自体”，它总是一个不同于“自我”的东西，而当人们更加了解“自我”时，总会转向“自体”，因此“自体”的范围要大得多，蕴含且超越“自我”的经验。正如“自我”是我的“自体”的某个经验，“自体”是我的“自我”的经验，但是那经验不再是以更大或更高的自我的形式去体会到的，而是以一个“非我”的形式。

关于德国神学的作者也很熟悉这种思想：“如果有个受造者意识到自身是完美的，那么他就会失去受造性、某物性和自体性。”②“如果我把善归于自己，那是来自一个幻觉，以为善是我的，或者我就是善，那始终是不完美或愚昧的征兆。如果我意识到真理，那么我也会意识到，我不是善，善不是我的，也不是出于我。”“有人说我真是个可怜的笨蛋，我居然幻想我就是善，但是无论现在或以前，善都是真正的神。”

关于“开悟的内容”是什么，则是众说纷纭。开悟的历程被解释和描绘成我执的意识的破茧而出，成为无我的自体。这个解释既回应了禅的本质，也符合埃克哈特大师的神秘主义。他在《神贫的人是有福的》的讲道里说：“当我从神那里走出来时，所有事物都说：‘有一个神！’但是那无法使我蒙福，因为那句话只是让我把自己视为受造者而已。但是当我破茧而出

---

① 见《五灯会元》卷三。

② *Das Büchlein vom vollkommenen Leben*，hg. von Büttner，p.4。

时[①]，我要在神的意志里一无所有，也抛开神的意志、它的一切造就，以及神本身，于是我比一切受造者都更富有，因为我既不是神也不是受造者：我是以前的我，未来的我，当下以至于永恒。于是我猛烈被举扬，高于所有天使。那个举扬让我变得如此的富有，以至于即使神也无法满足我，虽然它仍然是神，虽然它有一切的造就：因为在破茧而出的时候，我认识到我和神的共同点。于是，我就是以前的我[②]，我不增不减，因为我是不动的原动者。于是，神再也不住在人类里头，因为人类以贫穷挣回以前的他以及未来的他。[③]”

大师于此的确描绘了一种开悟经验，自我被自体给消融，而恢复了“佛性”或即神的普世性。基于学术的谦卑，我不敢提出任何形而上学命题，而只是指出一种可以经验到的意识变化，因此，我把“开悟”主要视为心理学问题去处理。对于不认同或了解这个观点的人而言，“解释”只是一堆没有意义的语词。他们无法由这些抽象概念跨越到相关的事实，无法体会为什么木樨花香[④]或拽鼻子[⑤]可以产生如此巨大的意识变化。最简单的方法就是把这些轶闻当作博君一粲的童话，或者承认它们是事实，而把它们当作欺骗自己的故事给打发掉（人们喜欢说那是“自我暗示”，是属灵不完备的商店里的可怜滞销品）。一

① 在禅宗里也有类似的意象：有禅师被问到什么是佛性时说：“桶底脱落。”另一个意象则是“解却布袋口”。

② 禅意味着见到人的自性或是本来面目。

③ *Meister Eckharts Schriften und Predigten*，hg. von B.ttner Ⅰ，p.176f。

④ Suzuki，*Die grosse Befreiung*，p.130。

⑤ 同上，p.125。

个对于令人惊讶的现象认真而负责的研究，是不可能轻忽这些事实的。当然，我们无法完全确定某个人是否真的“开悟”或“解脱”，或者只是他想象出来的。我们并没有什么判别标准。再者，我们也很清楚，想象的痛苦经常比所谓真实的痛苦还难挨，因为它经常伴随着暗地里内疚的忧伤所引起的道德痛苦。因此，那不是“事实性”的问题，而是灵魂的实在性的问题，也就所谓“开悟”历程的心理事件。

每个心灵历程都是一个形象和一个想象，否则根本不会有意识，也不会有历程的现象。就连想象也是个心灵历程，因此说开悟是“实在的”抑或“想象的”，其实无关紧要。开悟的人或自称开悟的人，无论如何都是说他开悟了。别人怎么想，并不能为他决定他的经验是什么。他即使是说谎，他的谎言也是个心理事实。是的，如果所有宗教的陈述都只是有意的虚构和造假，那么我们还是可以写一篇有趣的心理学论文，去探讨这些谎言存在的事实，就像是研究幻觉的精神病理学一样。有一个宗教运动，几百年来有无数哲人献身其中，这样的事实就足以让我们认真尝试以科学的理解去探讨其历程。

我在前面曾经问到，西方世界里是否有任何像是“开悟”的东西。如果撇开西方神秘主义的说法不谈，放眼望去，还真的找不到和它有一点点类似的东西。在我们的思考里，根本不可能有所谓意识发展的各个阶段。光是想到在关于一个对象的存在的意识以及关于对象的“意识的意识”之间有重大的心理学差别，就不知道怎么去回答了。我们很难要求自己认真探讨这样的问题，好去解释提出该问题时的心理状态。的确，诸如此类问题的提出，经常不是出于知识的需求，而总是源自原始宗教的习俗。印度的瑜伽、中国的佛教，都为想要摆脱某种被认为不完美的意识状态的缠缚者提供了驱动力。就西方的神秘主义者而言，其著作则尽是教导人们如何以及为什么要摆脱意识的“我执”，透过对于他的存在的认识，他可以超越我执，而接触到内在（神性）的人。雷斯博克[①]提到一个印度哲学家也知道的意象，也就是树根在上面、树梢在下面的树[②]，而他必须爬上这棵信仰之树，它由上往下长，因为它的根在神里头。[③]雷斯博克又说，就像瑜伽一样，“人们将会自由，而且摆脱意象，解脱所有执着，空去一切受造者”。[④]“欲望和痛苦、宠辱得失、对他人的挂虑、欢乐和恐惧，他必须都无动于衷，并且不依待任何受造者。”[⑤]存在的“一体性”即在于此，而那意味着“走向内心的存在”。那意味着“一个人回到他的内心，好去感觉和了解神的内在工作和内在话语”。[⑥]经由宗教实修而生起的新的意识状态之所以殊胜，是在于外在事物再也无法对我执的意识起什么作用，也就不会有相依相待，而一个空的意识也准备接受另一个作用。这个“另一个”作用不再被觉知为自身的造

---

① 雷斯博克（John of Ruysbroeck，1293—1381），法兰德斯地区的神秘主义者。

② 引自《羯陀奥义书》：“上根下其枝，太古菩提树。又称曰大梵，唯是永生者。”

③ John of Ruysbroeck，*The Adornment of the Spiritual Marriage*，p.47。我们不能假设说这个在1273年出生的法兰德斯神秘主义者的意象是袭自印度经典。

④ 同上，p.51。

⑤ 同上，p.57。

⑥ 同上，p.62。

作，而是一个非我的作用，它以意识为其客体。自我的主体角色仿佛被超越过去了，或者是被另一个主体给接管，由它取代了自我。那是一个我们耳熟能详的宗教经验，圣保罗也曾经提到它[①]。这里描绘的无疑是一个新的意识状态，透过深刻的宗教蜕变历程，而挥别了以前的意识状态。

有人或许会反驳说，意识自身并没有改变，而只是对某物的意识，正如我们翻一页书，用同样的眼睛看不同的图片。我担心这样的理解只是无稽之谈，因为它并不符合事实。事实是，在典籍里描述的不只是一个接一个的意象或客体，而经常是经由剧烈的震颤导致的蜕变经验。擦去一个意象，而以另一个意象取代之，是很平常的事，和蜕变经验的性质一点关系也没有。问题不在于看到另一个东西，而是以不同的方式去看。那就像是视觉的空间行动因为新的向度而有所改变[②]。当禅师问“还闻偃溪水声么”时，他的意思显然不是指一般的“听见”。意识就像知觉一样，正如知觉有种种条件和限制，意识也有。例如，我们可以有各种不同阶段的意识，范围小的或大的，表层的或深层的。然而，这些程度的差别经常也是本质的差别，因为它们完全依赖于人格的发展，也就是说，依赖于知觉主体的本性。

知性对于认知主体的性质并没有兴趣，因为那主体只以逻

---

① “现在活着的，不再是我，乃是基督在我里面活着。”（《加拉太书》2：20）

② 铃木大拙谈到这个转变时说：“以前的思惟尽皆被抛去，世界因而有了新的意义。一个开悟者说他以前活在幻觉里，或是说他们从前‘错了’，因而舍旧从新，也有的说一直不知有个美好的天地，像‘清风’‘明珠’一样存在于人间。”另见：Suzuki，*Die grosse Befreiung*，p.123f。

辑的方式思考。基本上，知性总是忙着消化意识的内容，并且忙着应付各种消化的方法。人们需要有哲学的热情，才能强迫自己超越知性，进而去认识认知的主体。这种热情和宗教的驱动力没什么两样，因此也和宗教蜕变的历程问题并无二致，而那是知性无法理解的东西。古代哲学热衷于探究蜕变的历程，而近代哲学则渐渐不去谈它。在某个意义下，叔本华属于古代哲学，但是尼采的《查拉图斯特拉如是说》就不再是哲学了，而是一个完全吞没了知性的剧烈蜕变历程。它不再是思考的问题，而是“思考的思考者”的问题，书里头的每一页都是如此。一个新生的人、一个完全蜕变的人登场了，他破茧而出，不只看到新天新地，而且是创造了它。西勒修斯（Angelus Silesius）[①]的说法比查拉图斯特拉谦虚一点：

> 我的身体是个蛋壳，小鸡在里头
> 会从永恒的灵里孵出来。[②]

在基督教国度里，“悟”相当于一种宗教的蜕变经验。然而，这类的经验有各种不同的程度和类型，我们有必要指出哪些范畴和禅的经验最相应。那无疑就是神秘主义者的经验，它和其他类似经验的差别在于它的“听任自然”的属灵准备，“空去一切形象”。它迥异于以训练和对于圣像的“想象”为基础的

① 西勒修斯（Angelus Silesius，1624—1677），波兰神秘主义诗人。

② Cherubinischer Wandersmann。

宗教经验，例如圣依纳爵（Ignatius）[①]的“神操”。我会把后者的范畴归类于经由信仰和祷告的蜕变，在基督新教里，则是经由团契经验，因为它们有个很明确的前提，而且绝对不是“空”或“放下”。神秘主义者常说的“神是一个无”，基本上和基督受难的默观、信仰以及团契的期待是不兼容的。

因此，“悟”和西方经验的模拟，就只限于少数基督教的神秘主义，他们为了彰显吊诡而说的话几近于异端，有的甚至逾越了异端的界线。正是这些性质，使得艾克哈特大师遭到教会的谴责。如果佛教和我们的“教会”一样，那么禅宗也会是他们无法忍受的负担。其理由在于它极端个人化的方法，以及许多禅师们呵佛骂祖的偶像破坏的态度。由于“禅”蔚然成为一个宗派，在几个世纪里便形成某些集体形式，例如铃木大拙在《禅僧的修行》（*The Training of the Zen Buddhist Monk*）中所说的，但是他们认为形式和内容都是外在的东西。除了各种生活方式以外，他们的主要修证方法应该就是“公案”了。公案是指禅师的吊诡的问题、说法和举止行为。根据铃木大拙的描述，公案主要是以轶闻的形式记录禅师们的问题。师父问学生一些问题，让他们去习禅。兹举一个经典的例子，有一僧问赵州禅师说：“狗子还有佛性也无？”师曰：“无。”铃木大拙说，这个“无”字意思就只是“唔”，俨然是小狗在回答这个问题[②]。

乍看下，提出一个问题以作为习禅的对象，似乎对于结果

① 圣依纳爵（Saint Ignatius of Loyola，1491—1556），耶稣会创立者。

② 见《铃木大拙禅论集之二》。

已经有了预期或定见，因此体验的内容也有了限定，就像耶稣会的神操或瑜伽冥想一样，其内容限于老师指派的课题。但是公案实在太多元、太多义，也太多机锋了，以至于任何老手都搞不清楚什么才是合宜的答案。再者，关于体验的描绘总是语焉不详，使得我们在公案和体验之间找不到任何无法辩驳的理性关系。既然我们无从证明其逻辑推论，于是我们会假定公案其实无碍于任何修行的自由，而最终的结果也取决于师父的个人习性。修行者在修行里完全颠覆理性知识，使得意识处于完全没有预设的状态。于是，任何有意识的预设都尽可能地被排除了，但是不包括无意识的预设。那就是习焉而不察的心理习性，它当然不是空性，也不是无预设。那习性是本性既有的因素，因此当它回答时（尤其是在开悟经验里），就是本性的回答，是本性直接说出它对意识的响应[①]。学生的无意识本性对于老师或公案的响应，显然就是“开悟”。我认为这个观点多少正确地把握了开悟的本质。而所谓的“见性”“本来面目”以及存在的根源，经常是禅师最关心的主题[②]，更佐证了这个观点。

禅和所有其他哲学和宗教的默观训练的差别，在于它基本上没有预设。就连佛本身也被严厉拒绝；的确，他几乎是如亵渎一般地被弃如敝屣，虽然他是修行最重要的预设。但是他也

---

① 见《铃木大拙禅论集之二》。“禅的意识必须发展成熟。当它完全成熟时，我就会明白，禅的意识是经由开悟的形式窥见无意识。”

② 见《铃木大拙禅论集之一》。禅的第四个规范即为“见性成佛”。一僧问惠能说法，惠能说：“哪个是你父母未生前本来面目。”有一部日本禅学作品说：“若欲觅佛，须是见性，性即是佛。”一个开悟经验对禅师显示“原人”。见《铃木大拙禅论集之二》。惠能说：“不思善，不思恶，正与么时，那个是明上座本来面目。”

是个偶像，因此也是要被舍弃的。一切唯当下即是，而那就是一个人完全没有意识到的预设，正因为它是无意识的，所以他无法摆脱它。那似乎来自虚空的答案，那照彻黑暗的光，总是奇妙的体验以及蒙福的光照。

意识的世界难免到处都有限制，到处都有横阻道路的高墙。基于意识的本质，它必然是片面的。每个意识都只能怀有少数同时生起的观念。所有其他观念都必须待在看不见的阴影里。同时出现的内容越多，意识就越模糊不清、混乱，甚至失去方向。意识不仅需要严格局限于少数清楚的内容，甚至这就是意识的本质。经由注意力，我们才能有相续不断的印象，唯有如此，我们才会有一般性的方向感。然而我们无法始终保持专注。因此我们必须尽量减少同步的知觉和相续不断的印象的数量。于是，一切可能的知觉的广袤领域总是被忽略，而意识也总是困于狭窄的圈子里。人们完全无法相信有一个意识居然可以一眼尽览所有想象得到的意象。如果一个人用他能够同时想象的少数几个清晰明确的表象，就可以建构起整个世界，那么如果他可以一次就清楚想象到一切，他眼前又会开展出如何神圣的世界呢？而这个问题还只是关于我们的可能表象。如果我们加上无意识的内容，也就是还没有或再也无法被意识到的内容，然后试着想象整个景观，那会是再大胆的幻想都想不到的。在意识的形式里，它当然是无法想象的，但是在无意识的形式里，它却是一个事实，而在底下伏流着的，是始终存在着的想象的可能性。无意识是一切潜在心理因素的无法窥见的整体，是潜在的本性的“大观园”。意识时或片段地取出的所有习性，都在无意识里。如果意识尽可能地空掉他的内容，那么内容就会落到无意识的状态（至少是暂时的）。在禅宗里经常会利用这种压抑作用，意识的能量抽离出内容，转移到空的观念或公案上面。由于它们必须是稳定的，于是相续不断的意象乃至于使意识运作的能量也都中止了。被保存的能量会转到无意识里，把它的自然储藏量推到极致。它也使得无意识内容随时会突破到意识层次。意识的放空和停歇不是件容易的事，因此需要长期的修行①，把能量的张力推到极致，好让无意识的内容突破到意识里。

破茧而出的内容绝不是完全散乱无序的。正如精神医学的经验所示，意识的内容和闯入意识的各种妄想以及谵妄有某种特别的关系。正常人的梦和作用中的意识之间也有相同的关系。它基本上是补偿性的关系。意识的内容让意识取向的整体性所需要补充的一切东西都浮上表面。如果由无意识涌现的各种片段能够嵌入意识活动当中，就会生起一种心理的存在形式，它更符合个人的整体人格，也因此消弭了意识的和无意识的人格之间徒然的冲突。我们当然都有卑劣的角落，就像是肮脏的、秘密的储藏室，而与其说它们是无意识的，不如说是被隐藏起来或被淡忘了。无意识是个母体，它孕育出所有形而上学命题、神话、哲学（如果它不只是批判性的），以及一切以心理命题为基础的生活形式。

---

① 禅宗东土初祖菩提达摩说："诸佛无上妙道，旷劫精勤，难行能行，非忍而忍。岂以小德小智，轻心慢心，欲冀真乘，徒劳勤苦。"

无意识的每次入侵，都是在回答意识的某个状态，而这个回答总是源自现存的一切可能想象的整体，源自整个习性，也就是潜态的心理存在的同时性意象。它分裂成个别的意象、片面的东西、片段的性格，正符合意识的性质。习性的响应总是有着整体性的性格，因为它相当于那还没有被分别心的意识给分割的本性。因此它的作用便沛然莫可御。那是个不期然的、开阔的、遍照一切的回答，它的作用更像是光照或神启，因为意识把自己困在绝望的死胡同里。

于是，经过多年的辛苦修行，费力地打破理性思考，习禅者从本性那里得到答案（而且是唯一的答案），公案所说的一切，也都能够廓然洞察。的确，大部分禅宗轶闻都是要突显答案的“本来如此”。的确，我们可以欣然理解故事里的学生为什么要恭顺地挨师父几记响棍以为鼓励。禅师在回答“狗子有无佛性”时的“无”蕴含了何等的智慧啊！但是我们要考虑到，一方面，总是有许多人无法分辨心灵隽语和瞎扯淡的差别，另一方面，也有许多人自恃聪明，认为他们一辈子遇到的人都是笨蛋。

尽管禅宗在对于宗教蜕变的理解上有很大的价值，对于西方人而言，却似乎不怎么有用。在西方国家缺少了习禅所必要的修行前提。我们有谁会无条件地信任一个自负的师父以及他莫名其妙的方法呢？只有在东方，才有对于一个伟大人格的敬意。谁会拍胸脯说，他相信可能有一种无法测度的吊诡的蜕变经验，而愿意牺牲多年光阴辛苦追求那个目标？最后，谁又敢担保一个异教的蜕变的权威性呢？除非有个不值得信任的人，他因为疾病的关系而喜欢自吹自擂，那么他就没有理由抱怨我们不相信他。但是如果“师父”交代了艰难的功课，那功课不能只是鹦鹉学舌就算了，那么欧洲人就会心生怀疑，因为自我成长的崎岖小径对他们而言就像地狱一样的悲惨和黑暗。

我并不怀疑西方世界里也会有开悟经验，因为我们当中会有人嗅到究竟目标，而不辞辛苦地追寻它。但是他们会保持沉默，不是因为他们羞于启齿，而是因为他们知道那是只能意会而无法言传的。因为在我们的文化里，包括作为宗教资产的监护人的教会，没有任何东西类似于这个宏愿。而教会的功能其实就是反对一切诸如此类的极端经验，因为它们只会是异端邪说。在我们的文化里唯一能够了解这个宏愿的，大概就是精神治疗了。所以，这篇文章由一个精神治疗师来写，并不是偶然的事。

基本上，精神治疗是医生和病人之间的辩证关系。那是两个心灵整体之间的对话，在其中，所有知识都只是工具而已。它的目的是蜕变，而且不是预定的蜕变，而是不能预知的改变，唯一的判别标准是我执的泯灭。医生的努力并不能保证得到该经验。他只能让病人尽量减少对于重要经验的阻抗心理。如果说，知识在西方的程序里扮演的角色分量不轻，那么佛教的传统精神氛围在禅学里的角色也一样的吃重。禅学及其技巧必须以佛教的精神文化为基础，这是它的前提。一个不曾存在的理性主义的知识是不可能被消灭的。一位禅师不会是无知和没有教养的产物。而对我们而言，精神治疗经常得先突显出一个有意识的自我，以及一个有意识地培养出来的理解，才能谈到消除我执或理性主义。再者，精神治疗不像禅师一样，它的对象不是会为真理做任何牺牲的人，而经常是最固执的欧洲人。因此，精神治疗的工作当然就更多样性，而漫长的历程里的个别阶段也会比在习禅当中面临更多的阻力。

基于以上及其他许多的理由，把禅学直接转译成西方的处境，是既不妥当也不可能的事。但是一个关心其治疗目的的精神治疗师，当他看到一个东方的灵性“疗愈”方法的究竟目标时，是不可能无动于衷的。我们都知道，两千多年来，有许多头角峥嵘的东方贤人致力于探究该问题，也开展出对应的方法和哲学，那是西方类似的成就难望其项背的。我们的尝试（除了某些例外）不外乎巫术的（秘教仪式，包括基督教在内）或是知识性的（从毕达哥拉斯到叔本华的哲学）。在我们西半球这里，只有歌德的精神悲剧《浮士德》和尼采的《查拉图斯特拉如是说》才称得上窥见一个“全体性体验”的突破。[①] 而我们至今仍然不清楚欧洲文化里最有前景的成就的究竟意义为何，尽管它们承袭了希腊文明（我们文明的雏形）的物质性和直观性。[②] 虽然我们的知性把猛禽自远方发现小老鼠的能力发挥到极致，重力却还是限制了知性，而当知性不再搜寻猎物，而朝内心探索那个搜寻者的时候，“诸行”也把知性困在一个充满着让人困惑的意象的世界里。的确，知性落入难产的阵痛，被无名的恐惧和危险缠绕，面对着各种海市蜃楼和迷宫的威胁。而最坎坷

---

① 我要提一下英格兰的神秘主义者布莱克（William Blake）。另见：Milton O. Percival, *William Blake's Circle of Destiny*。

② 希腊人的天才指的是意识闯入物质世界，褪去它原本的梦境。

的命运也正威胁着探险者：在他自己的时代里如深渊般沉默的孤独。有谁知道“巅峰时期作品”（例如歌德的《浮士德》）的深层动机或者“戴奥尼索斯经验”的震颤是什么东西？我曾经建议人们去读一读藏传佛教的《中阴救度法》[①]，以了解东方人是怎么思考我们西方人所谓回归全体的“死亡之路”的痛苦和不幸。那才是重点，而不是什么善巧的模仿，或知性的杂耍。一个没有专断而短视的专业意见包袱的精神治疗师，经由暗示或片段的信息，应该可以看到这个问题。如果他囿限于其准生物学的信条，就会一直要把他所观察到的东西化约为陈腐的熟悉事物，然后以理性主义的方式概括它们，而大概只有耽于幻觉的人才会对此心满意足。然而“有某个东西可以让人满足”，那才是幻觉的极致。那个幻觉躲在一切无法忍受的事物后面，把所有进步抛在后头，是最难以克服的东西。如果精神治疗师能够在助人之余反省一下，或者他偶然被迫看清自己的幻觉，他会看到，所有理性主义的化约论，在面对不断变化的生命时，是多么的空洞而肤浅。如果他继续探索，他就会明白“那谁也都偷偷地走过的坟门户”[②]所指为何。

我不想被认为是在推荐或建议什么。但是当一个西方国家的人谈到禅学时，我觉得有责任告诉那个欧洲人，通往“开悟”的“漫漫长路”的开端在哪里，而那条只有少数哲人走过的小径有多少险阻艰难，或许就像是高山上的信号台，在风雨如晦

① Evans-Wentz，*Das tibetanische Totenbuch*。

② Faust，1.Teil，1 Szene。

的未来里照耀着。如果有人认为“开悟”或“正定”可以在低于那个高度的地方遇见，那会是个很严重的错误。因为一个全体性经验不可能比全体廉价或低下。而它对于心理学的意义可以见诸以下的事实：意识只是整个心灵的一部分，而无法涵摄心灵的全体，因为它还缺少了横无涯涘（sì，水边）的无意识领域。但是无意识领域既不能以熟练的公式去捕捉，也无法以科学教条去驱魔，因为里面附着了类似命运的东西，有时候甚至就是命运本身，正如《浮士德》或《查拉图斯特拉如是说》经常暗示的。要获致全体性，就需要全体的介入，少一分都不行，没有料拣或替代，也没有妥协。《浮士德》或《查拉图斯特拉如是说》尽管评价甚高，对于欧洲人而言却深奥难解，同样的，我们很难期望初窥心灵的幽暗世界的有识之士们，对于一个陷于“个体化历程”（即我所谓“成为整体”的经验）的种种困惑的人的心境，能够有什么正确的观念。于是人们拿出病理学的词汇，用“精神官能症”“精神病”之类的术语安慰自己，嘴里嘟囔着“创造性的奥秘”，但是如果他们刚好不是诗人，又能“创造”出什么东西呢？由于这样的误解，现在有许多人僭称自己是“艺术家”，仿佛“艺术”和“能力”没有关系似的。如果人们没有什么可以“创造”，那么他们或许可以创造自己。

禅学透显了“成为整体”对于东方人的意义有多么重要。探究禅学谜语或许可以为怯懦的欧洲人壮胆，或者为他们的近视配一副眼镜，好让他们至少能够“管窥”至今仍然笼罩在雾里的心灵经验的世界。而结果也不会太差，因为借着“自我暗示”[1]，那些惊弓之鸟可以免于继续堕落或类似的重大事件。然而我要提醒专心且有同感的读者，不要低估东方人的心灵深度，或者以为禅学是很容易的事[2]。西方人热衷于字面意义的态度，对于东方的思想宝藏并没有什么妨碍，因为在禅学里幸好不像在印度宗教里那样，没有那么多深奥难懂的语词。禅学也没有像哈达瑜伽那样复杂的技巧，那些技巧反而会让以生理学思考为取向的欧洲人误以为可以经由静坐和调息获致精神的成就。相反，习禅需要的是知性和意志力，正如成就许多伟大事业一般。

---

① Suzuki，Die grosse Befreiung，p.132。

② “禅不是消遣，而是生命的严肃课题，没有哪个笨蛋会胆敢接近它。”

附录一

铃木大拙年表

1870 年（明治三年）

10 月 18 日出生于日本石川县金泽市下本多町，被命名为铃木贞太郎。

其父亲为铃木良准，母亲名为铃木增，夫妻育有四子一女，贞太郎排行最小。铃木家是一个传统的佛教家庭，父母信奉临济宗。世代行医，祖先历任加贺藩家“本多家”的侍医。在当时，医师家族属于高级知识分子，其父曾在京都研究“兰医”（日本西医因为由荷兰传入，因此称西方医学为兰医），是一位学兼内外的儒者，因此铃木贞太郎从小耳濡目染，在中西方文学与人文素养方面皆奠定了良好的基础。

1876 年（明治九年）

4 月，进入金泽市本多町小学就学。11 月 16 日，其父铃木良准逝世，享年 54 岁。

1877 年（明治十年）

6 月 2 日，其兄利太郎过世，年仅 11 岁。

1882 年（明治十五年）

从本多町小学肄业，进入数田顺私塾读书，同年 4 月，考进石川县专科学校附属初等中学就读。

1883 年（明治十六年）

由于自幼家学渊源，在初中更培养了良好的英文能力与文学素养，当时与同侪藤冈作太郎、西田几多郎号称“金泽三太郎”。

1885 年（明治十八年）

铃木贞太郎与藤冈作太郎、福岛淳吉等人发行《明治余滴》杂志，担任编辑工作，并且常以“任天居士”“杰峰山人”等笔名发表论文与汉诗，充分展现其文学能力。

1887 年（明治二十年）

从石川县专科学校附属初等中学毕业，同年因学制改革，石川县专科学校改为第四高等中学校，9 月铃木贞太郎被编入同校预科三年级。

1888 年（明治二十一年）

9 月，就读第四高等中学校本科一年级，然因家境贫苦而辍学。任石川县珠洲郡饭田小学高等科英语代课老师。

1889 年（明治二十二年）

铃木贞太郎取得了小学英文教师文凭，并于 5 月，担任石川（现石川郡美川）小学高等科训导职务。

1890 年（明治二十三年）

4 月 8 日，其母铃木增因肺炎不治而逝世，享年 61 岁。当时 20 岁的贞太郎赁居于真言宗德证寺，对禅开始感兴趣，真正开始与净土宗大谷派结缘，也曾随富山县国泰寺雪门禅师参禅。

1891 年（明治二十四年）

因为二兄亨太郎的援助，辞去美川小学训导职务，前往东京，顺利进入东京专门学校（早稻田大学前身）修习英文，结识同乡安宅弥吉。

7 月在同乡前辈早川千吉郎的引领下，初次进入镰仓圆觉寺参谒今北洪川禅师，禅师至诚无伪的气度，令铃木贞太郎深受感动，因此立下“以禅者为己任”的心愿，此后专心致力于禅的修行。

1892 年（明治二十五年）

1 月，今北洪川禅师圆寂，享年 77 岁。4 月，嗣法弟子释宗演继任圆觉寺住持，续拜释宗演为师继续参禅，宗演禅师赐予“大拙”之名。

同年 9 月，因好友西田几多郎的推荐，进入东京帝国大学哲学选科研读（直至 1894 年结业）。自此二年来，一方面研究西方哲学思想，并广泛涉猎相关禅与佛学的书籍；另一方面往来圆觉寺，过着僧侣般的生活，逐渐养成禅者的风范。

1893 年（明治二十六年）

释宗演禅师代表日本受邀出席在芝加哥举行的万国宗教会议，铃木大拙任随行翻译。

1895 年（明治二十八年）

铃木大拙将保罗·卡鲁斯（Paul Carus）的英文著作《佛陀的福音》（*The Gospel of Buddha*）译成日文，于东京出版。

从东京帝国大学文科大学辍学，专心参禅、坐禅，25 岁的铃木大拙于明治二十八年腊月摄心时，悟到“物我合一”的无差别境界，参透了初关“最初的公案”，这是参禅五年来的成果。

1896 年（明治二十九年）

铃木大拙因随宗演禅师访美经验的启发，撰写并且出版生平第一本著作《新宗教论》。

1897 年（明治三十年）

3 月赴美，经释宗演禅师推荐，铃木大拙前往美国伊利诺伊州拉萨尔市的奥本考特（Open Court）出版社担任编辑工作，并且协助保罗·卡鲁斯有关东洋学的论说、批评与校正的工作，并将老子的《道德经》及其他道教经典译成英文。直至公元 1908 年，铃木大拙在伊利诺伊州的拉萨尔市待了将近 11 年的时间。

1900 年（明治三十三年）

英译《大乘起信论》的出版，引起学界注目。

1905 年（明治三十八年）

镰仓圆觉寺释宗演禅师再度访美，随同禅师巡回美国演讲担任翻译工作，向西方人士介绍东方的禅学思想。尔后编辑禅师的演讲，来年出版《一个佛教老禅师的讲录》（*The Sermons of a Buddhist Abbot*）。

1906 年（明治三十九年）

相识比特蕾丝·雷恩小姐。与保罗·卡鲁斯共同英译《太上感应篇》《阴骘文》。同年日译保罗·卡鲁斯的《阿弥陀佛》（*Amitabha*）对真宗信仰有深入研究，因此晚年对于“妙好人”（指念佛行者）有崇高的信仰，在其后来著作《宗教经验之事实》《妙好人》与《妙好人浅原才市集》均论述到真宗信仰。

1907年（明治四十年）

出版英文版《大乘佛教概论》(*Outlines of Mahayana Buddhism*)，本书奠定了铃木大拙佛教学者的地位，至今再版不断。在缅因州举行关于佛教的演讲。在《一元论者》杂志撰写一系列有关中国古代历史的论文。

1908年（明治四十一年）

2月，在奥本考特出版社社长格勒的赞助支持下，前往欧洲游历英、法、德等国。7月，身为日本代表出席在伦敦举行的斯维登堡大会创立百年纪念，后来接受英国斯维登堡协会之邀请，将艾曼纽·斯维登堡（Emanuel Swedenborg，18世纪瑞典的基督教神秘主义研究者，并且是一位科学家、哲学家与宗教思想家集于一身的大师级人物，诸多理论影响后世甚深）的《天堂与地狱》(*Heaven and Hell*）翻译成日文版。9月，在牛津召开的万国宗教史学会上被选为东洋部副会长。

1909年（明治四十二年）

4月，阔别多年首度返日。8月，经好友藤冈作太郎、吉田好久郎的推荐，担任学习院英文讲师。10月，兼任东京帝国大学英文讲师。

1910年（明治四十三年）

4月，获聘为学习院教授（直到1921年)。8月，由日本禅道会发行的《禅道》杂志创刊，铃木大拙为《禅道》杂志担任编辑工作。为了向日本介绍瑞典国宝级大师的神学思想，因此出版《天堂与地狱》，同年，英译《真宗教义》一书。

1911 年（明治四十四年）

撰写有关净土宗的教理论文“自力与他力”。12 月，不惑之年的铃木大拙在横滨与比特蕾丝·雷恩小姐结婚，夫人出身于美国外交官家庭，两人在美国已认识多年。

1912 年（明治四十五年、大正元年）

再次应斯维登堡协会邀请前往英国，其间日译《神爱与神智》（*The Divine Love and the Divine Wisdom*）、《新耶路撒冷》（*The New Jerusalem*）、《神意论》（*The Divine Providence*），至 8 月返回日本。

1913 年（大正二年）

出版《禅学大要》等书。

1914 年（大正三年）

开始为英国出版的《新东方》杂志撰写一系列以禅学为主的论文连载。出版《禅的第一义》。

1915 年（大正四年）

出版《上进的铁锤》一书。

1916 年（大正五年）

担任学习院的舍监，7 月中旬带领学习院学生前往中国、朝鲜为期一个月的旅行。8 月随释宗演禅师赴日本东北地区旅行。9 月决定辞去东京帝国大学的教职工作，专心致力于禅学典籍的著述，出版《关于宗教经验》《禅的研究》《众禅的观点》。

1919 年（大正八年）

11 月，释宗演禅师圆寂，享年 60 岁。

1921年（大正十年）

3月，辞退学习院教职，在佐佐木月樵、西田几多郎的推荐之下，移居京都，担任京都大谷大学教授（直至1960年为止）。与佐佐木月樵一起从事真宗教义的英译工作，亦发钻研于佛教学问的研究。大拙的夫人也在大谷大学担任预科教授，夫妻协力于同年5月，在大谷大学校内成立东方佛教徒协会，并且创办英文佛教杂志《东方佛教徒》（*The Eastern Buddhist*）季刊，夫妻共同编辑以发表佛教论文为主，此杂志刊行持续20年之久。

1924年（大正十三年）

6月，泰戈尔访日，泰戈尔在京都各地的演讲由铃木大拙担任翻译。

1925年（大正十四年）

出版《百丑千拙》。

1926年（大正十五年、昭和元年）

3月，好友佐佐木月樵去世，得年51岁。6月，担任大谷大学哲学科研究室主任，讲授宗教学，其后又开“宗教心理学看禅与净土教”的课程。

1927年（昭和二年）

出版以英文书写的《禅学随笔》（*Studies in Zen*）、《禅论集第一卷》（*Essays in Zen Buddhism* Ⅰ，中文简体版的《铃木大拙禅论集之一》），此后陆续出版以英文本为主的禅学书籍。

1928年（昭和三年）

担任灵智学会京都大乘支部负责人。

1929 年（昭和四年）

6 月，与夫人一起在镰仓设立动物爱护慈悲园。

1930 年（昭和五年）

与泉芳璟共同进行梵文《楞伽经》的研究，同年出版《禅是什么》，并以英文本发表《楞伽经研究》（*Studies in the Lankavatara Sutra*）。

1932 年（昭和七年）

出版《神会录》、《禅的精粹》、《六祖坛经》（兴正寺版），以及英译梵文《楞伽经》（*The Lankavatara Sutra*）。

1933 年（昭和八年）

《楞伽经研究》一书所做的贡献，使得铃木大拙获得大谷大学荣誉文学博士学位。11 月，在横滨迎接胡适，双方会晤多时，同年出版英文本《禅论集第二卷》（中文简体版名为《铃木大拙禅论集之二》）、《楞伽经引用句索引》（*Index Verborum to the Lankavatara Sutra*）。

1934 年（昭和九年）

前往中国、朝鲜等地进行佛教实地考察，并与数十位中国名人、僧侣，如鲁迅、胡适、蒋梦麟（北大校长）、昌桂（峨眉山寺住持）等见面会谈，并将此行访华的印象与感想著成书于来年出版，是年英文本《禅论集第三卷》（中文简体版名为《铃木大拙禅论集之三》）、《禅僧的修行》（*The Training of the Zen Buddhist Monk*）、《楞伽经引用句索引增订版》（*Index Verborum to the Lankavatara Sutra*）、《铃木大拙禅学入门》（*An Introduction to Zen Buddhism*）出版。

1935年（昭和十年）

与泉芳璟一同校订梵文本《华严经入法界品》（*The Gandavyuha Sutra*）。是年出版《悟道禅》、《禅堂的修行与生活》、《禅与日本人的性格》、《少室逸书》（菩提达摩撰述的文集）、《禅佛教手册》（*Manual of Zen Buddhism*）。

1936年（昭和十一年）

以日本代表身份出席在伦敦召开的世界宗教大会（World Congress of Faiths）。会后，他被日本外务省委派为英日交换教授，在剑桥、牛津等英国各大名校展开一系列“禅与日本文化”的讲座，11月，又转往美国中部与东部的大学进行同一主题的演讲，最后在洛杉矶的西本愿寺说法，直至翌年1月才返回日本。

1937年（昭和十二年）

出版《禅与念佛心理学的基础》《宗教浅说》。

1938年（昭和十三年）

出版《禅与日本文化》（*Zen Buddhism and its Influence on Japanese Culture*）的日译本，该书与《禅论集》成为世界宗教史的不朽名著，并且出版了《日本佛教》（*Japanese Buddhism*）、《禅的各种问题》等书。

1939年（昭和十四年）

7月，夫人比特蕾丝去世，享年61岁。出版《无心》一书。此后以旅居美国的时间为多，但每年仍出版多本日文作品。

1940年（昭和十五年）

4月，设立禅文化国际研究会。出版《禅堂的教育》、《盘珪的不生禅》、《六祖坛经》（大乘寺版）。

1941 年（昭和十六年）

出版《禅问答与领悟》《盘珪禅师语录》《一个真实的世界》《佛教的核心》。

1942 年（昭和十七年）

为大谷大学教学研究所研究员。出版《东方的一》、《盘珪禅的研究》、《净土系的思想论》、《碧岩录》（*Hekigan Poku*）。

1943 年（昭和十八年）

出版《禅的思想》《盘珪禅师说法》《文化与佛教》《一个禅者的思索》《宗教的经验事实》《禅思想史研究》《拔队禅师法语》。

1944 年（昭和十九年）

3 月，在安宅弥吉的资助下，圆觉寺塔头东庆寺山上的松冈文库所在的建筑物落成。10 月，任大谷大学教学研究所东亚教学部部长。出版《大灯百二十则》《月庵和尚法语》《日本的灵性》。

1945 年（昭和二十年）

好友西田几多郎逝世，享年 75 岁。12 月，申请的财团法人松冈文库的设立获得批准。出版《绝观论》。

1946 年（昭和二十一年）

铃木大拙为报答恩师释宗演禅师，决定在镰仓东庆寺创设“松冈文库”。松冈文库主要致力于禅宗古籍的校订与日译，收藏与出版禅学的古今文献，以及保存铃木大拙毕生藏书等，藏书册数超过 5 万册，成为日本首屈一指的文库。松冈文库内所藏的室町时代的古写本，已经成为日本重要文化资产。

12 月，担任大谷大学教学研究所顾问。出版《今北洪川》《关丁宗教的信件》《关于宗教》《日本灵性的自觉》《建设灵性的日本》等书。

1947 年（昭和二十二年）

出版《佛教简论》《神秘主义与禅》《自主的思考》《宗教与生活》《佛教的本质》。

1948 年（昭和二十三年）

出版《给青年》《日本的灵性化》《禅堂生活》《宗教与文化》《宗教与近代人》《妙好人》《驴鞍桥》《东方与西方》等书。

1949 年（昭和二十四年）

1 月，荣列日本学士院院士。6 月前往夏威夷，出席夏威夷大学召开的第二届东西方哲学家会议。9 月至翌年 2 月，在夏威夷大学讲学。11 月时，获日本天皇授予文化勋章，集荣耀于一身，享誉国际。是年出版《真宗杂录》（*A Miscellany on the Shin Teaching of Buddhism*）、《禅的无心之说》（*The Zen Doctrine of No-Mind*）、《禅生活》（*Living by Zen*）、《佛教与基督教》、《临济的基本思想》（*The Fundamental Thought of Rinzai*）。

1950 年（昭和二十五年）

铃木大拙于 2 月离开夏威夷，到加州的克里蒙特大学（Claremont College）讲授日本文化与佛教，随后接受洛克菲勒集团的委托，以 80 岁的高龄在美国展开长达 8 年以上讲授佛教哲学之途，铃木大拙前往美国各大学讲授“禅与华严”，足迹踏遍哈佛、耶鲁、哥伦比亚、芝加哥、普林斯顿等大学院校，自此西方世界研究禅学的热潮因而展开。

1951 年（昭和二十六年）

在哥伦比亚大学演讲《华严哲学》，出版《禅思想史研究》

第二卷。

1952 年（昭和二十七年）

2 月，担任哥伦比亚大学客座教授，讲授《华严哲学》《禅的哲学与宗教》《宗教入门》《宗教论集》《有关宗教的基本疑问》等。

1953 年（昭和二十八年）

6 月至 9 月，铃木大拙游历欧洲诸国，并在伦敦、罗马、慕尼黑等地讲学。

1954 年（昭和二十九年）

在哥伦比亚大学哲学系讲授"禅的哲学和宗教"，七八月前往欧洲游历与演讲,9 月回到日本，停留 5 个月。出版《宗教》《复苏的东方》。

1955 年（昭和三十年）

1 月，由古田绍钦编辑整理的《铃木大拙选集》，获得朝日新闻社肯定，铃木大拙受颁朝日文化奖，之后继续前往哥伦比亚大学授课。10 月，被推举为日本宗教学会名誉会长。出版《禅的研究》（*Studies in Zen*）。

1956 年（昭和三十一年）

8 月，赴墨西哥市立大学演讲，同年出版《禅佛教》（*Zen Buddhism*），威廉 · 巴瑞特（William Barrett）将其在墨西哥讲学的内容整理编辑成论文集。担任财团法人《西藏大藏经》研究会会长（后来该研究会更名为铃木学术财团）。

1957 年（昭和三十二年）

1 月，成立纽约禅研究会，担任会长。6 月辞去哥伦比亚大学的教职，7 月前往墨西哥，与弗洛姆博士（Dr. Erich Fromm）

共同参加有关禅与精神分析的讨论会议，随后在墨西哥大学讲学。回美国后改居住在麻省，前往麻省理工学院、韦斯利学院（Wellesley College）、布兰迪斯大学（Brandeis University）、瑞德克立福大学（Radcliffe College）、安默斯特学院（Amherst College）等大学演讲。是年出版《基督教和佛教的神秘主义》（*Mysticism: Christian and Buddhist*）。

1958年（昭和三十三年）

4月前往欧洲，以远东代表身份出席在比利时布鲁塞尔召开的万国博览会宗教部会议，席间以“灵性”为主题发表演说。11月返回日本。

1959年（昭和三十四年）

6月，出席在夏威夷大学举行的第三届东西方哲学家会议。8月，夏威夷大学授予铃木大拙法学名誉博士学位，同时被授予名誉博士学位的还有中国的胡适。同年出版《禅和日本文化》（*Zen and Japanese Culture*）。

1960年（昭和三十五年）

10月，大谷大学为铃木大拙举办90岁大寿庆贺会，铃木学术财团出版《佛教与文化》纪念论文集。

辞掉大谷大学教授职务，尔后成为大谷大学名誉教授。12月，以国宾身份受邀访问印度，为期一个月。是年在弗洛姆博士与马蒂诺（Richard De Martino）协助下，共同出版《禅与精神分析》（*Zen Buddhism and Psychoanalysis*）。

1961年（昭和三十六年）

从印度返回日本，因全身检查住进东京圣路加医院。同年英译完成《教行信证》。

1964 年（昭和三十九年）

4 月，获颁印度亚细亚协会第一届泰戈尔奖，6 月赴美，住在纽约，7 月前往夏威夷，出席在夏威夷大学召开的第四届东西方哲学家会议。

1965 年（昭和四十年）

停刊已久的英文杂志《东方佛教徒》复刊。

1966 年（昭和四十一年）

素有“世界禅者”美誉的铃木大拙，于 1966 年 7 月 11 日下午住进东京圣路加医院，于 7 月 12 日上午 5 点 5 分因突发绞扼性肠闭塞症辞世。戒名“也风流庵大拙居士”。享年 96 岁。

附录二

铃木大拙主要著作一览表

1895 年

日译出版：保罗·卡鲁斯（Paul Carus）的英文著作《佛陀的福音》（*The Gospel of Buddha*）。

1896 年

著《新宗教论》（*New Theory of Religion*）。

1900 年

英译出版：《大乘起信论》（*Awakening of Faith*）。

1906 年

英译出版：释宗演演讲集（*The Sermons of a Buddhist Abbot*）。与保罗·卡鲁斯共同英译出版《太上感应篇》《阴骘文》。

日译出版：保罗·卡鲁斯的《阿弥陀佛》（*Amitabha*）。

1907 年

著《大乘佛教概论》（*Outlines of Mahayana Buddhism*）。

1910 年

日译出版：艾曼纽·斯维登堡（Emanuel Swedenborg）的

《天堂与地狱》(*Heaven and Hell*)。

英译《真宗教义》。

1912 年

日译出版:《神爱与神智》(*The Divine Love and the Divine Wisdom*)、《新耶路撒冷》(*The New Jerusalem*)、《神意论》(*The Divine Providence*)。

1913 年

著《禅学大要》。

1914 年

著《禅的第一义》。

1915 年

著《上进的铁锤》。

1916 年

著《关于宗教经验》《禅的研究》《众禅的观点》。

1921 年

英文佛教杂志《东方佛教徒》(*The Eastern Buddhist*)创刊。

1925 年

著《百丑千拙》。

1927 年

著《禅学随笔》(*Studies in Zen*)、《禅论集第一卷》(*Essays in Zen Buddhism*, Ⅰ)。

1930 年

著《禅是什么》、《楞伽经研究》(*Studies in the Lankavatara Sutra*)。

1932 年

英译出版：梵文《楞伽经》（*The Lankavatara Sutra*）。

著《神会录》、《禅的精粹》、《六祖坛经》（兴正寺版）。

1933 年

著《禅论集第二卷》（*Essays in Zen Buddhism*，Ⅱ）、《楞伽经引用句索引》（*Index Verborum to the Lankavatara Sutra*）。

1934 年

著《禅论集第三卷》（*Essays in Zen Buddhism*，Ⅲ）、《禅僧的修行》（*The Training of the Zen Buddhist Monk*）、《楞伽经引用句索引增订版》（*Index Verborum to the Lankavatara Sutra*）、《铃木大拙禅学入门》（*An Introduction to Zen Buddhism*）。

1935 年

著《悟道禅》、《禅堂的修行与生活》、《禅与日本人的性格》、《少室逸书》（菩提达摩撰述的文集）、《禅佛教手册》（*Manual of Zen Buddhism*）。与泉芳璟一同校订梵文本《华严经入法界品》（*The Gandavyuha Sutra*）。

1937 年

著《禅与念佛心理学的基础》《宗教浅说》。

1938 年

著《日本佛教》（*Japanese Buddhism*）、《禅的各种问题》等书。

出版日译本《禅与日本文化》（*Zen Buddhism and its Influenceon Japanese Culture*）。

1939 年

著《无心》。

1940 年

著《禅堂的教育》、《盘珪的不生禅》、《六祖坛经》(大乘寺版)。

1941 年

著《禅问答与领悟》《盘珪禅师语录》《一个真实的世界》《佛教的核心》。

1942 年

著《东方的一》《盘珪禅的研究》《净土系的思想论》《碧岩录》。

1943 年

著《禅的思想》《盘珪禅师说法》《文化与佛教》《一个禅者的思索》《宗教的经验事实》《禅思想史研究》《拔队禅师法语》。

1944 年

著《大灯百二十则》《月庵和尚法语》《日本的灵性》。

1945 年

著《绝观论》。

1946 年

著《今北洪川》《关于宗教的信件》《关于宗教》《日本灵性的自觉》《建设灵性的日本》。

1947 年

著《佛教简论》《神秘主义与禅》《自主的思考》《宗教与生活》《佛教的本质》。

1948 年

著《妙好人》《宗教与文化》《给青年》《日本的灵性化》《禅堂生活》《宗教与近代人》《驴鞍桥》《东方与西方》。

1949 年

著《真宗杂录》（*A Miscellany on the Shin Teaching of Buddhism*）、《禅的无心之说》（*The Zen Doctrine of No-Mind*）、《禅生活》（*Living by Zen*）、《佛教与基督教》、《临济的基本思想》（*The Fundamental Thought of Rinzai*）。

1951 年

著《禅思想史研究》第二卷。

1954 年

著《宗教》《复苏的东方》。

1955 年

出版《禅的研究》（*Studies in Zen*）。

1956 年

著《禅佛教》（*Zen Buddhism*）。

1957 年

著《基督教和佛教的神秘主义》（*Mysticism: Christian and Buddhist*）。

1959 年

著《禅和日本文化》（*Zen and Japanese Culture*）。

1960 年

在弗洛姆博士与马蒂诺的协助下，共同出版《禅与精神分析》（*Zen Buddhism and Psychoanalysis*）。

1970 年

后世整理《真宗入门》（*Shin Buddhism*）纽约演讲集。

1973 年

出版 1961 年完成的英译著作《教行信证》。

2003 年

岩波书店出版《铃木大拙全集》40 册。